繊細で敏感でも、

自分らしくラクに生きていける本

十勝むつみのクリニック院長
精神科医
長沼睦雄

はじめに

「HSP」（Highly Sensitive Person）とは人一倍敏感な人のことで、心理学者のエレイン・N・アーロン博士は、彼らの生まれ持った神経の細やかさや高ぶりやすさは、「感覚刺激に対する神経の過敏性である」と1996年に発表しました。

HSPは、人前で緊張しやすい、怖がり、内向的、引っ込み思案、ものごとを始めるのに時間がかかる、などの性質の背景にある「感覚情報処理過敏性」に注目した概念で、アーロン博士は心理学的な愛着、気質、性格理論だけでなく、神経科学における脳理論や、ユング心理学的なスピリチュアルな視点も解釈に取り入れ、包括的・統合的に「過敏性」について分析しています。

アーロン博士はその後、HSPの根底には「ものごとを深く処理する」「過剰に刺激を受けやすい」「全体的に感情の反応が強く、特に共感力が高い」「ささいな刺激を察知する」という4つの性質があることを明らかにしました。

HSPの多くは、自分の「繊細さ」や「敏感さ」にどう対処していいかわからず、生きづらさを感じながら毎日を送っています。

ＨＳＰは純粋かつ繊細で人に優しく、良心的で感受性が強く、直感も優れています。

一方で、自他を区別して自分を守る心理的境界線の防衛機能が弱く、共感性も高いために、周囲の人のマイナス感情を無意識に受け取ってしまったり、逆に自分のエネルギーを吸い取られてしまう傾向があります。また、不安の神経システムが強いために、慎重で臆病だったり、責任感の強さから自責の念を持ちやすかったりするのもＨＳＰの特徴です。このために、自分が繊細で敏感であることに悩まされている人は少なくありません。

では、ＨＳＰが「自分らしく」、「ラクに」生きていくためにはどうしたらいいのでしょうか。

私は長年、ＨＳＰやＨＳＣ（Highly Sensitive Child）を専門に診ている精神科医で、日々、過敏性について研究しています。その経験や知見をもとに、本書ではＨＳＰに関する新たな知見や、生きづらさを解消するこれまでにない秘策について、なるべくわかりやすく解説していきます。

さらに、脳・心・体・食・魂など多方面にわたって視野を広げる中で、新たにわかってきた「過敏性」の本質についてもお伝えします。今回、『敏感すぎて生きづらい人の 明日からラクになれる本』を文庫化するにあたって、4章、7章、8章を加筆し、HSE（敏感で刺激に弱いのに、好奇心旺盛な人）についてもふれ、これまでの章も書き直しました。混乱・混迷する現代において「無意識」や「魂」の重要性が見直されるようになり、これらはスピリチュアルな観点で語られるだけでなく、量子力学的視点からも説明されつつあります。そこで、新章ではこれまでHSPの領域で議論されてこなかった「見える世界」と「見えない世界」をつなぐ視点から、HSPへの理解を深めていきたいと考えています。

本書を通じて、HSPの本質がもたらす「生きづらさ」を少しでも解消できるように、そして、あなたの繊細さや感受性、先見性や癒しの力を生かすことができるようにと願っています。

長沼睦雄

目次

第1章 敏感すぎるあなたに効く処方箋

第2章　他人を気にしすぎることがなくなる考え方

第3章　仕事や職場で困ることがなくなる振る舞い方

第4章 あなたが今、つらいのはなぜなのか？

第5章 敏感すぎるあなたの心と体の守り方

第6章　HSPを支える8つの方法

第7章 HSPが「自分らしく」生きるために

第8章 HSPがラクになるために

※本書は弊社発行『敏感すぎて生きづらい人の明日からラクになれる本』に加筆・修正を行って再編集し、改題したものです。

編集・執筆協力　コバヤシヒロミ
デザイン　根本佐知子（梔図案室）
イラスト　坂木浩子（ぽるか）
校　正　西進社

序　章

何やらイロイロ
気になって、
生きづらく
ありませんか？

その「繊細さ」や「敏感さ」で、いつもヘトヘトになってしまうあなたへ

ささいなことが気になってしまうのはＨＳＰだからかも？

人の気分や感情に無意識に影響されてしまったり、自分を「ダメな人間」だと責めたり、周囲にどう思われているかがいつも気になったり……。そんなあなたは、あらゆる場面で生きづらさを感じていることでしょう。

会話している時に、相手が不機嫌そうなそぶりを見せるとドキドキする、気づいたら自分もイライラしている。仕事でトラブルが起こると、たとえ非がなくても「自分のせいかも」「何か悪いことをしたかな？」と不安になったり、相手の顔色をうかがったりしてしまう。何をするにも、人に嫌われるのではないか、馬鹿にされるのではないか、変に思われるのではないか、と気になって仕方がない。

これらはＨＳＰによく見られる傾向です。

ＨＳＰとは生まれ持った繊細で敏感な神経の持ち主のことで、感受性が強く、感覚が鋭いために、「神経が高ぶりやすい」のが特徴です。また、「神経の過敏性が高い」ために疲れやすく、傷つきやすくもあります。ＨＳＰは次のような点が共通しています。

❶刺激に敏感に反応する
❷「心の境界線」が弱い
❸脳や体が疲れやすい
❹人の影響を受けやすい
❺自責や自己否定が強い
❻予感力や直感力がある

ＨＳＰにはさまざまなタイプがありますが、いずれも感覚刺激に過敏に反応します。次のページで詳しく解説しましょう。

あなたも「HSP」かも？ HSPの特徴を知ることから始めよう

自分の性質をいち早く知ることが大事

HSPの存在はアーロン博士が提唱して以来、日本においてもここ数年、「HSP」「繊細さん」などの名称で広く知られるようになってきました。およそ5人に1人がHSP的特徴を持つといわれています。繊細で敏感なあなたも、もしかしたらあてはまるかもしれません。HSPの特徴を知って、自分を振り返ってみましょう。

❶ 刺激に敏感に反応する

さまざまな刺激に対して敏感で、人によって種類や程度は異なりますが、五感や六感、感情や痛み、イメージやムード、化学物質や電磁波などにも過敏に反応します。必要以上に自律神経系を強くはたらかせてしまうために脳や体のエネルギー消費が多く、本人は常に疲れた状態になっています。

❷「心の境界線」が弱い

私たちは「自分は自分、人は人」と自他を区別するための目には見えない「心の境界線」、「自我の防衛機能」を持っていますが、ＨＳＰはこの機能が弱く、他人に侵入されたり、見透かされやすかったりします。また、ネガティブな感情やエネルギーに影響を受けやすい傾向があり、人の思考や感情が流れ込んできて心が乱れてしまうこともあります。

❸脳や体が疲れやすい

人の感情や感覚に共感や同調しやすく、無意識に人に気を遣い、自律神経を高ぶらせています。一日中、休む暇もなく脳や自律神経、ホルモンや免疫をフル稼働させているため、どうしても脳や心が疲れやすいのです。楽しく遊んだ後でさえ、興奮と疲労のために体調不良を起こしてしまうことがあります。

❹人の影響を受けやすい

右脳的な能力が優れているＨＳＰは共感性や同調性が強く、一緒にいる人の表情や声のトーン、身ぶりや雰囲気などから無意識に相手の感情や感覚を受け取ったり、人の言葉を素直に受けて相手のペースに巻き込まれやすかったりします。一方で、この生まれつきの敏感さがゆえに、人の心情を察し、そっと心に寄り添うこともできます。

❺自責や自己否定が強い

ものごとを深読みして、いつも自分の責任であると考えてしまいます。また、自分より他人のことを優先させて本音に蓋をするため、「本当の自分」がわからなくなっています。未来を探索する「好奇心」よりも、過去を振り返って危険を避ける「不安」の神経システムが強くはたらき、イヤなことが生じても本音を言えず、怒り・悲しみ・恐れなどのマイナス感情が溜まってしまいます。

❻予感力や直感力がある

右脳的で内向・直感タイプの人が多く、未来の予知やものごとの本質、周囲の雰囲気を感じ取る能力が高く、無意識に思考や感情に強く反応します。サイキックな感性や霊的能力を持ち合わせ、スピリチュアルな体験をしたことがある人も少なくありません。ＨＳＰは直感的にたくさんの情報を処理することができるため、考える間を待たず、結論が見えてしまいます。

ＨＳＰはささいな違いに気づくため、微細な表現を楽しんだり、芸術を深く愛したりします。共感性に優れ、創造性が豊かであり、独創的で空想的であったりします。思い込みやこだわりが強く、完璧主義になりやすいのです。

また、幼少期のトラウマがある人は、慢性的に神経が高ぶりやすく、躁うつ・パニック・社交不安・強迫などの精神症状が出やすくなります。状態がさらに進むと、自傷や攻撃、抑圧や解離、依存や支配などを起こしたりすることもあります。

こういった場合は安心・安全な場所に身を置き、十分に心身を休める必要があります。なので、自分がＨＳＰの性質をどの程度持っているかを知ることは、自分を大切にするためにも必要です。

敏感で刺激に弱いのに、好奇心旺盛なＨＳＥ（ＨＳＰ＋ＨＳＳ）

傷つきやすいのに刺激を求める人たち

傷つきやすいのに刺激を求めてしまう、繊細なのに大胆な行動をとってしまう人は、「ＨＳＥ」（Highly Sensitive Extrovert）と呼ばれます。

「ＨＳＳ」（High Sensation Seeking）とは、心理学者のマービン・ズッカーマンが提唱した概念で、「刺激をおおいに求めること」（刺激追求性）を意味します。目新しいことや変化による刺激、激しい刺激を味わうことを好み、その体験を得るためにはリスクもいとわない傾向があります。ＨＳＥは、ＨＳＰとＨＳＳの組み合わさった人というわけです。

心の内面に意識を向けやすい内向的なＨＳＰに対して、ＨＳＳは外の世界に意識を向けやすい外向的な人を表します。ＨＳＰの中には30％程度、外向的な人もいますが、ＨＳＥだからといって外向的・社交的であるとはいえません。

ＨＳＥは、外見からは冒険的で好奇心が強く見えるものの、刺激に反応して疲れやすいという点ではＨＳＰらしいといえるでしょう。外ではとても活発に振舞っているけれど、家ではまるで別人のように静かに１人の時間を楽しむ場合は、まさにＨＳＥといえます。

また、ＨＳＥの中には「ギフテッド」と呼ばれる、好奇心が旺盛で特異的な才能の持ち主がいます。ギフテッドの概念は日本では、ＩＱ（知能指数）が１３０以上という定義がはずされています。このギフテッドについては、第８章で詳しく説明しましょう。ＨＳＥは今、ギフテッドやスピリチュアル的な観点から新たに見つめ直す必要があるのです。

ＨＳＥかどうかは自分が決める

ＨＳＥには、「高い共感力」「鋭い直感力」「優れた視覚力」「豊かな表現力」の４つの才能があるといわれています。

時田ひさ子先生（ＨＳＰ／ＨＳＳ　ＬＡＢＯ代表カウンセラー）が「時田版ＨＳＰ／ＨＳＳセルフチェックテスト」（https://ameblo.jp/htokita0422/entry-12379609311.html）を作成しています。

このテストは、ＹＥＳ・ＮＯで答える64項目の質問があり、そのうちＹＥＳが半数を超えた場合、ＨＳＰ／ＨＳＳである可能性があります。

質問項目の一例（出典：時田ひさ子先生のオフィシャルブログより一部抜粋）

●外向的・社交的な自分を保てるのは2～3時間である
●過剰に演じたり、過剰に表現してしまうことがある
●やっていることを切り上げるのが苦手である
●だいたいできていたら良しだと思っている
●手際の悪い進行だとイライラする
●人に決めつけられるのが大嫌い
●自己肯定感が低いが、どこか自信はある

●幼いころから、人生や死など、本質について考えていた
●生まれた時からずっとがんばってきたと思う
●みんなが平等に幸せであるべきだと思う　……など

どのテストもそうですが、いくつチェックがついたからといって、その人がHSPやHSEであるかどうかを決めつけることはできないと考えています。たったひとつだけでも顕著であれば、その性質を持っているといえるからです。

本書では、HSPが日頃感じている〝つぶやき〟を載せています。それらを見て、「これって私のことかも」「私も同じように思っている」というものがあるか、読み進めながらチェックしてみてください。

「HSE」は感受性の振れ幅が大きく不安定な人

HSEは、内面と外界への意識の振れ幅が大きく、感情や感覚もポジティブとネガティブの間を大きく揺れ動くのが特徴です。躁と鬱、陽と陰、光と闇、天使

と悪魔などの相反する性質があって、複雑に入れ替わる不安定な一面を持っています。

右に左にと大きく揺れる中で、エネルギーを消耗しすぎては休んで補充することをくり返し、疲労していきます。たとえどのような程度であっても、その人を取り巻く環境が厳しければ、消耗し疲労して、生きづらくなります。HSEは、表面に現れた状態や本人の自覚だけでは捉えきれません。その根っこにあるさまざまな性質がすべて「生きづらさ」につながっているのです。

HSEが生きづらいのは、自覚症状があっても他覚所見としては捉えられないために「わかられなさ」を味わう慢性疲労症候群のような「機能性疾患」と同じかもしれません。つまり、表面的な特徴だけではHSEを捉えきることはできないのです。

HSPの「敏感さ」はどこからくるもの？脳のしくみとはたらきを知ることが大事

人は目に見えないエネルギーも感じている

身体・内臓・血液などの体の中からくる情報と、物理化学的・心理社会的な体の外からくる情報、脳や体の細胞に記憶されている情報、「見えない世界」からくる情報などが、それぞれの感覚受信器（センサー）で受信され、脳で認識され、反応して表出されることが知られています。

五感の中でも「触覚」は、「命の感覚」といわれる特別な感覚です。例えば、「さわる」と「さわられる」感覚が違ったり、皮膚から少し離れた場所での境界線を認識したり、消化管の表面も体内と感じたり皮膚と捉えたり、他人の感情を皮膚感覚で感じたりします。

量子力学において、素粒子という物質の最小単位の世界では、物質と波動は相互変換しながら存在しており、物質のない間隙《かんげき》には、物質化していないエネルギーが満ちていることが知られています。そのため、思考や感情、思念や感覚などの「目に見えないもの」のエネルギーが脳や体の感覚受容器で感知され、大脳皮質で意識化されたり、大脳辺縁系で無意識の反応を体にもたらしたりします。

つまり、人間の脳や体には、目で見えたり、測定できる刺激に対してだけではなく、目では見えない、測定もできない刺激に対して反応するしくみが存在し、その感受性は一人ひとり異なっています。

ＨＳＰにおいては、大多数の人が感知できない情報のセンサーがはたらいていたり、大多数の人が使っているセンサーの増幅機能が大きかったりするのです。

HSPの「敏感さ」を真に理解するためには、「見えない世界」も視野に入れること

「敏感気質」にはスピリチュアル的要素も関係する

HSPを研究し続ける中で私が新たに学んだことは、繊細で敏感な人の気質が「過敏気質」「共感気質」「霊感気質」の3つに分類されることです。

ひとつめは「過敏気質」・「過敏性」で、物理化学的な刺激に過敏な性質のことで、五感・体性感覚（皮膚感覚・深部感覚）・内臓感覚などの感覚に敏感です。

もうひとつの「共感気質」は、他人の感情への感受性がすこぶる高い性質のことで、通常よりもはるかに高いレベルの共感力を持つ人のことを「エンパス」(Empath) と呼んでいます。

最後の「霊感気質」は、目に見えないスピリチュアル（霊的）なエネルギーを感じることができる性質・宇宙意識や別次元の意識とつながることができる性質

です。

どの気質をどの程度持っているかには個人差がありますが、多くのＨＳＰが言葉では表せない心の豊かさや感性を持ち、慈しみや思いやりにあふれています。ただ高い感受性がゆえに、抑圧され隠ぺいされた心の闇（トラウマ）や、表面には現れない潜在意識の陰（シャドー）が存在し、マイナスなエネルギーを引き寄せたり、侵入されたりします。

また、心理学者のユングのＭＢＴＩ性格分類でいうと内向・直感・情緒タイプの人が多く、目に見える物質的・現実的なものよりも、目に見えない感覚的・霊的なものに興味を示す傾向があります。芸術や創造を好み、自分の「内なる声」に耳を傾け、人生の意味や本質に目を向け、本物であることを求めていきます。

このようにＨＳＰは「意識できる領域」だけでなく、さらに奥にある「無意識の領域」の敏感さにも関連しており、この「見えない世界」にふれなければＨＳＰの本質に迫ることはできないのです。

繊細で敏感なあなたが自分らしく、ラクに生きるためには？

「自分らしく」生きられないのはなぜ？

繊細で敏感な人でも次のような傾向があると、「自分らしく」生きることが難しくなります。

●外界への感度が鋭く、体感への感度が鈍い

外界からの刺激やイメージ、直感には敏感な一方で、体の感情・感覚には蓋をしているために、「自分らしい」という感覚をつかみにくいといえます。

●「善悪」や「正邪」に敏感で、「混合」や「統合」が苦手

自分軸や境界線の意識が弱く、「悪」や「邪」に対して嫌悪感や恐怖感が強く、「混合」や「統合」が苦手です。また、ものごとを主観的・直感的に捉えやすく、被害的になりやすいのです。

●「真我」や「無我」との結びつきが強く、「自我」や「自己」との結びつきが弱い

HSPの中でも内向的直観型は、顕在意識や潜在意識の深層にある「本当の自分」に気づきやすいため、現代社会ではとても生きづらいのです。

「本当の自分」とは、「自我」や「自己」の意識を越えたところにある「無」や「空」にある、言葉になる前の「想い」です。本当は「こうしたい」という想いを言葉や行動で表し、周囲に理解される中で、本当の「自分らしさ」に気づくことができます。これについては後ほど詳しく解説しましょう。

自分の「本音」を表すことがカギ

まずは、なぜ自分らしく生きられないのかを明らかにし、その原因を受け入れる「覚悟」を持つことが大切です。過敏性の原因として、心の中にあるトラウマ

やシャドーが傷つくことを恐れ、本音を出すことを抑圧し、恐怖心のために出力できない状態があります。

また、繊細で敏感な人は、主観的・直感的に先回りして相手の事情や意向を察してしまうため、知らず知らずのうちに「本当はこうしたい」という自分の気持ち（本音）を抑圧してしまいがちです。

抑圧を解放し心を軽くするためには、1人で悩んだり、自暴自棄になってあきらめたり、自分を責めたり、相手に求めたりするのではなく、悲しみや恐れ、怒りの感情の奥にある心の叫び（本音）を、他に知られないように出してしまうことです。紙に書いて捨てる、トイレでつぶやくなど、溜めていた感情をひとしきり1人で出すことではじめて、自分らしくラクに生きることができます。

「過敏性」の真の原因は外にあるのではなく自分の内にあり、入れては出すという自然な流れを止めていることにあります。そのことに気づき、自分の「本音」を解放してあげましょう。

コラム
column

「出力不全」と「入力過敏」

過敏性の原因として、恐怖心による本音の抑圧があると前述しました。過敏性は、出力して入力が起こるという**自然な流れが起きていない**ために、出力不全とセットになって、入力への過剰反応が生じるために起こります。

脳科学者の松本元博士は、脳の第一の機能は「出力依存性学習」であると述べています。脳は、**過去から未来を「予測」して、出力することで生きている**というのです。

脳はこれまでの「学習」から「答え」をあらかじめ予測し、必要に応じて「答え」を先に用意します。その「答え」が間違っていれば学習し直し、次の出力に生かす誤差学習をくり返しているのです。つまり、私たちの運動や感覚は、**過去の経験からあらかじめつくり出されたものが誤差学習で修正されていく**のです。

恐怖と抑圧による出力不全が起こると、誤差学習をしないまま、感覚情報の検索と収集だけが過剰になってしまうのです。

第1章

敏感すぎる
あなたに効く
処方箋

繊細すぎる・敏感すぎる自分と、どう付き合っていったらいいの？

刺激を避ける準備を整え、疲れた自分をいたわること

はじめに、繊細で敏感な自分とうまく付き合っていくための視点やポイントをお伝えしましょう。

あなたが日々の生活の中でまず、気をつけるべきことは次のとおりです。

❶ 自分が生活しやすい環境を選ぶ

❷ 疲れやすい自分のために、常にセルフケアを行う

まずは、慢性で過剰なストレスから脱出すること。そして、自分が居心地がよく過ごすことができる環境を選ぶこと。繊細で敏感でない人には、自分の感性や生きづらさを伝えても理解されないので、相手に理解を求めるのではなく、自分の過敏さや慢性疲労をより深く理解し対策していくことが大切です。

ただ、どんなに刺激をブロックしていても、時には周囲のマイナス感情にふれてしまったり、不快な場所に身を置かざるをえなかったりすることがあります。避けようもなく入ってしまった邪気や毒を心に溜め込まないように、毎日デトックス（解毒）して外に出すことを欠かさないようにしましょう。

頑張り屋さんは、「つらい、苦しい、イヤだ」などの本音を吐き出すことが苦手なので、我慢しすぎている、頑張りすぎている自分に気がつき、「もう無理、助けて」と告白することは、生きづらさを軽くするために必要なことです。自分軸で「自由」を選び、ベストな環境を選んで毎日を過ごしやすくしましょう。

「私が悪い」「私のせいかも」と、いつも自分を責めてしまう……

あなたにとって、一番の味方は自分です。

繊細で敏感な人は他人に共感しすぎるせいで、その人の苦しみや悩みの背景にあるマイナス感情を無意識に受けてしまう傾向があります。そのため、「どうして自分は疲れやすいのか」と、いつも悩みがちなのです。家族や周囲の人が何か問題を抱えていると、一緒になって悩み、苦しみ、助けてあげなければと思ってしまいます。それができないと、自責感や罪悪感、無力感でいっぱいになり、自

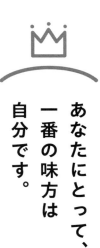

分を肯定することができなくなります。
自分のものではないマイナス感情に入り込まれてしまったと気づいたら、「これは自分の感情ではない」と相手に戻し、感情におぼれている自分と距離を置いてください。自分の中から生まれたものなら良し悪しで判断せずに、「自分にとって意味がある」と気づいてください。ありのままに認めるだけで、マイナス感情が消えていくはずです。自分にとってイヤなこと、苦手なことに気づき、認め、受け入れるプロセスはとてもつらいことなので、「ありがとう」と自分にひと言、言うことでスムーズにできます。

セルフケア

- 離れた視点で自分を見つめ、自分との距離を置く
- 「良い」「悪い」で、ものごとを判断しないようにする
- 「すべてに意味がある」「ありがとう」と言い、受け入れる

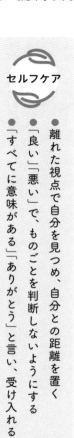

何かと気にしすぎてしまう、マイナス思考に陥ってしまう……

「考える」より、「感じる」ことを大切に。

周囲の人に「なんでも細かすぎる」「いつも気にしすぎ」「何をするにも慎重」と言われて落ち込んでいませんか？　でも、細かいことに気づいたり慎重だったりするのは、とても大切な感覚です。強い不安感や恐怖心と対抗するため、「べき思考」や完璧主義になってしまうかもしれませんが、気にする必要はありません。プラス思考よりもプラスの感情になるほうが重要です。不安や恐怖は消そうとするのではなく、「そうなんだ」と受け入れることです。恐れや痛みは、認めてあげることで和らぎます。「(教えてくれて)ありがとう」と思うことで、自然と消えていきます。そのうえで、笑顔になることを生活に取り入れてみましょう。鏡を見ながら笑顔をつくるだけで脳は笑っていると勘違いし、プラスの感情が誘発されます。

主観が強い人は、ものごとを客観的に見るのが苦手なのに、客観視できないことを責められます。もし何か失敗して気に病んでいることがあったら冷静に考える前に、まずはその時の感情を認め表しましょう。失敗は誰にでもあるものです。自然に起こる感情や痛みは、抑圧したりごまかしたりせずに、「人間だもの、仕方がない」と自分に素直になり、出してしまうことでスッキリします。

セルフケア

- 自分の好きなことをして「プラスの感情」をつくる
- 鏡を見ながら笑顔をつくってみる
- 「恐れ」は抑えるのではなく、受け入れる雑音や小さな音が気になって、仕事や勉強に集中できない……

雑音やノイズが気にならなくなる方法を用いてみる。

時計の秒針が動く音、キーボードをたたく音、イヤホンから漏れる音などが気にさわる人は、不安だったり緊張していることが多く、神経が高ぶっているため、音の刺激に強く反応します。そのため、安心したり好きだったりする音や声は別として、不快な音に対するストレス反応が大きくなります。小さな音が気になったり、高い音を不快に感じたりする傾向にある人は、自分でも気づかないうちに我慢や頑張りが限界を超えているのかもしれません。

「ゴーッ」「ガーッ」「ザーッ」などの雑音が気になって我慢できそうにない時は、ノイズキャンセリング（消音）機能付きのイヤホンを使うといいでしょう。「カチカチ」「トントン」などの小さな音の場合は、マスキング（隠蔽）音やＢＧＭをあえて流すことで、雑音が気にならなくなります。前庭感覚（バランス感覚）や固有受容覚（運動感覚）、さわるなどの皮膚感覚や心拍・呼吸などの内臓感覚など、体の感覚に意識を集中するといいでしょう。また、「いま・ここ・すべて」と唱え、しばらく好きなことに没頭して意識を集中するのもひとつの方法です。

セルフケア

- ノイズを打ち消すイヤホンなどを使う
- マスキング音をかけて、雑音を隠す
- 身体感覚に意識を集中する

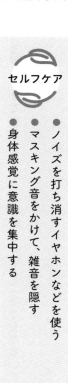

頑張りすぎて疲れてしまう、無理をしすぎていつもだるい……

「まだ頑張れる」は、「もう頑張れない」。

頑張ったり我慢したりして、いつも疲れやだるさを感じている。そんなあなたは胎内にいる時から体を硬くし、身体感覚を麻痺させてきたのかもしれません。また、五感・六感には敏感でも、自分の身体感覚には鈍感かもしれません。

頑張りすぎたり我慢しすぎてしまうのは、倒れるほどの状態になってはじめて自分の疲労に気づくためです。

何かを契機に身体感覚に目覚めると、これまでとは反対に、しびれ、痛み、めまい、吐き気、だるさ、こわばりなどを強く感じようになります。すると、外からも内からも感覚刺激に圧倒されるようになり、神経が異常興奮してきます。あなたが感じている過敏や疲労は、敏感でない人には理解されず、「わざとらしい」とか「怠け者」などとレッテルを貼られてしまいます。
繊細で敏感な人は、そんな誤解や偏見を気にして「もっと頑張らねば」とさらに頑張ってしまうのです。

セルフケア

- 1人になれる時間や空間を確保する
- 頑張りすぎ、我慢しすぎをやめる
- 疲労を自覚し、休みや栄養をとる

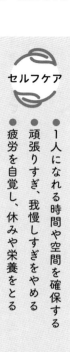

いつもビクビクしている、ちょっとしたことでパニックに……

恐怖麻痺反応による不安緊張状態を後に残さない。

大したことない出来事なのに、頭が真っ白になってしまう。特に理由もないのに、体が固まってしまい手に汗を握る。こんな状態になるのは、かなり神経が高ぶっている証拠です。

危険から身を守るための動物的な反応には、戦う・逃げる・すくむ・死んだふり、があります。恐怖で身がすくむ時は、交感神経が過剰にはたらいて「過覚醒」

状態になり、さらに進むと副交感神経が過剰にはたらいて「低覚醒～無覚醒」状態になります。さらに、記憶を司る脳の海馬の機能が麻痺して、記憶することができなくなります。人間の場合は、このような動物反応に加えて、意識を通常とは切り替えて解離状態を呈することもあります。

こうした一連の恐怖麻痺反応を「完結」できないと、恐怖麻痺反応が冷凍保存されてしまい、トラウマ記憶となります。

トラウマ治療では、安心安全な状態において、このトラウマ記憶にアクセスし、ゆっくりと解凍してストレス反応を完結させます。

ポイント

- 危険から身を守るストレス反応について知る
- 人間はストレスで解離反応を起こす
- 冷凍保存されたトラウマ記憶を安全に解凍する

人の影響を受けやすく、自分は空っぽだと思う……

自他を区別する「境界線」を強くし、過剰同調を防ぐ。

私たちは、自他を区別して距離感を保ち、自分を守る「境界線」を持って生きていますが、この境界線の機能が弱いのが繊細で敏感な人の特徴のひとつです。

繊細で敏感な人は、言葉はなくても相手の心中を察して寄り添い、喜びや悲しみなどの感情に共感する能力や、相手の思考や感情を無意識的にマネしてしまう「同調性」が強いのです。「共感性」は相手と距離を保って共鳴するのに対し、「同調性」は相手と一体になって協同します。

その一方で、相手の願望や欲望に対して自己犠牲的に同一化しようとしたり、相手の表情や状況を察して感情を損ねないようにしたり、その場の空気を読んで周囲に合わせようとする特徴は「過剰同調性」と呼ばれ、共感性と同様に無意識的に起こるものです。

その背後には、人に対する不安や緊張、おびえや恐怖があり、自分の本音を押し込んで「もう1人の自分」を生み出していきます。

過剰同調性は、境界線の機能が弱い幼児期から起こります。幼い頃から親の言いなりで、親に支配され、自己主張ができずに育った場合に起こります。

セルフケア

- 自他を区別する境界線を意識する
- 境界線を強くし、過剰同調を防ぐ
- 親の支配から脱し、自己主張してみる

悩みが頭の中をグルグル回って、いつまでも離れない……

苦手な人を鏡にして自分の思考の癖に気づき、「グルグル思考」をストップ!

気になることがあると頭から離れず、悩みがあってクヨクヨ落ち込んだりすると思考が停止して、いつまでも頭の中をグルグル回っていることがあります。そんな状態を「グルグル思考」といいます。そこから抜け出すにはまず、自分に思考の癖があることを知って、なぜそう考えてしまうのかに気づく必要があります。「べき思考」や「白黒思考」、「マイナス思考」や「一般化思考」などの「認知の歪み」があったとしたら、積極的で生産的な思考にはなりません。「グルグル思考」を解決したいなら自分の「認知の歪み」に気づき、その根底にある固定観念（スキーマ）を探る必要があります。

自分では気づきにくい思考の癖を知るには、認知行動療法の専門家に相談する以外に、自分が苦手な人の言動を自分の姿として見ると、自分の思考の癖に気づくことができます。もし対人関係で思い悩んでいるのなら、その人の嫌いな部分が、自分の抑圧しているトラウマ記憶の中に存在しているかもしれません。目の前の相手の姿は、あなたの潜在意識の中に隠された「あなた」の投影（鏡像）なのです。

セルフケア

- 思考の癖が「グルグル思考」をもたらす
- 認知行動療法で「認知の歪み」を改善する
- イヤな相手の姿に自分の姿を見て気づく

ちょっとしたことで落ち込んで、心がシャットダウンしてしまう……

意識がシャットダウンするのは、心の自己防衛反応。

目の前にいる人が自分のひと言で急に反応しなくなり固まってしまったら、その人はもしかしたら、ショックでストレス反応を起こしているかもしれません。生まれ持った素因や、幼少期の環境ストレスやトラウマなどによって深く傷ついてきた人は、こうしたトラウマ反応や意識の解離を起こしやすいのです。体には、異物や外敵から身を守るために「免疫」という自己防衛システムが備わっていますが、心にも複雑な免疫システムがあります。これは、本人が意図しなくても自動的に作動する、心の傷を深くしないための心理的な防衛反応です。

急性ストレス反応の中でもっとも多く見られる反応が、フリーズしてしまう「凍りつき反応」で、心と体をシャットダウンして固まり、意識を飛ばし身を守ります。急に心を閉ざしてしまう理由はさまざまですが、「そんなことで？」と思うようなことが引き金になることもあります。記憶や身体感覚などの特定の神経回路が機能的に遮断されることで、表に出ている顕在意識の人格が引っ込み、潜在意識の人格が出てきたりすることも起きます。

ポイント

- 強烈なストレスで意識が解離して固まってしまう
- 意識の解離は、自分を守る防衛反応
- 遺伝的素因や環境ストレスが解離を生む

部屋を片付けられない、整理整頓が苦手……

片付けには、ワーキングメモリーと集中力を高める必要がある。

複数の作業を順序よく行うのが苦手な人は、頭の中のイメージに気を取られてものごとに集中できず、掃除や片付けが苦手です。ものごとを順序よく進めるには、「実行機能」と呼ばれる能力が必要で、次の3つがポイントになります。

❶ 目的と条件を常に頭に思い浮かべておくこと

❷途中経過を確認して必要な修正を行うこと
❸目的から外れる衝動的な反応を抑えること

また、「ワーキングメモリー」という順番記憶の力も必要ですが、HSEの中にはワーキングメモリーが弱く、イメージや直感力が強い傾向があり、目の前のことに集中しすぎたり、逆に集中できなかったりする人がいます。余計なことを考えずに、今行っているものを「味わい楽しむ」ことは、集中力を高めるのに効果的です。感情や感覚を意識して使うことは、ワーキングメモリーを高めるのにも役立ち、イメージや空想に引っ張られやすい右脳的な人の実行機能を高めてくれます。

セルフケア

- 整理整頓が上手な人の技術と考え方をマネする
- 複数のことを同時に行わず、ひとつずつ片付ける
- 感情と感覚を使い、ワーキングメモリーを高める

時間を守ることができず、いつもギリギリか遅れてしまう……

自分へのダメ出しや自分を変えようとするのをやめ、「それでいい」にする。

幼い頃から不安や緊張が強いHSPは、キッチリ「こうしなければならない」という完璧主義の左脳タイプと、不安や緊張が弱く、ボンヤリ「なんとかなるだろう」という楽観主義の右脳タイプに分かれます。

キッチリ型は予定や計画をしっかり立てて、早めに確実に実行していけるのですが、ボンヤリ型は予定を立てず、ギリギリにならないと手をつけないので、いつも慌てています。どちらの型も脳の特性からくるので、幼い頃からの習慣になっていて、大人になって変えるのは困難なことです。

ボンヤリ型は、目の前にやりたいことや目的があるのに、必要ないことまで考えたり準備をしたりして、時間を無駄に費やしてしまいます。始めからものごとの全体を見て、順序立てて早めに手をつけていればいいのに、あちこちに気を散らして、「いま、ここ」のことには心がお留守になっているのです。自分の特性を受け入れ、周囲の人に助けてもらうのがベストな解決法です。努力や頑張りも必要ですが、特性を生かすほうが「自分らしく」生きられます。

セルフケア

- ＨＳＰには、キッチリ型とボンヤリ型がある
- 脳の特性なので直そうとせず、素直に受け入れる
- 特性を受け入れ、人に助けを求める

イライラし始めると、怒りをコントロールできない……

「べき思考」をしていないか、日常を振り返ってみましょう。

繊細で敏感な人は、人前では「いい子」でいることが多く、イヤなことがあっても口には出さずに飲み込んでしまいがちです。そんな人であっても、親しい人の中では怒りが噴出してコントロールできなくなってしまったことがあるかもしれません。

「こうあってほしい」「わかってほしい」という期待が裏切られた時に「怒り」

が生まれます。怒りは二次感情であり、その裏には苦しい、悲しい、つらい、さびしい、くやしい、不安だ、できない、といった一次感情が潜んでいます。それまで抑圧して溜めてきたこの裏の感情に気づいたら、あなたの隠れた本音を「私は悲しい」など、「わたしメッセージ」で伝えましょう。

また、怒りの背景には「べき思考」があり、自分の中の「こうあるべき」「こうすべき」という考えに従わない相手に怒りを覚えます。一度怒ったら止まらず、何度も思い出して怒る。そんなふうに怒りが暴走してしまう前に、怒りの記録をつけて自分の「べき思考」に気がつき、どんな〝心の地雷〟を自分が持っているのかを分析してみましょう。

セルフケア

- 自分の「べき思考」を明らかにする
- 怒りの記録をつけて、「心の地雷」を把握しておく
- 怒りの裏にある一次感情に目を向ける

自分で決めることができず、他人に意思をゆだねてしまう……

自分がないことに気づき、人をマネするのをやめる。

繊細で敏感な人は、子どもの頃から人の気持ちを読む癖が身についており、自分の意見や主張を封じ込めたり、本音を心の奥底にしまったりすることが当たり前になっています。そのため、自分のことを「わかってほしい」「認めてほしい」「かまってほしい」といった承認欲求が強くなります。承認を求めるのは誰からも「嫌われたくない」からで、「見捨てられたくない」のです。抱え込んでいる本音を抑えきれなくなると、感情が怒りとなって噴出します。また、それを外に出せずに抑圧していると、うつ病やパニック障害を引き起こします。相手に合わせてばかりいると、次第に不満や不信が溜まっていき、やがてその人との関係がうまくいかなくなります。

「こうしたい」という自分がないので、相手の感情や感覚を無意識に取り込んでしまう。そんな自分にダメ出しをしようにも、本来の自分がないので、どうしていいかわかりません。

自分がないことに気づき、相手のマネをするのをやめれば、新しい自分が少しずつ出てきます。自分の感情や感覚を優先して生きていけば、「自分らしさ」が見えてきます。

ポイント

- 自分がないと、つい人のマネをしてしまう
- 自分がないから、人の承認を得ようとする
- 自分がないことに気づき、自分を感じてみる

過去のつらい出来事がフラッシュバックする時がある……

他者の目で自分を見つめて、つらかった自分をなぐさめてあげよう。

「トラウマ記憶」とは、ストレス反応が未処理に終わったまま残っている過去のストレス体験の記憶です。この記憶が意図せず表に出てきてしまい、まるで「いま、ここ」で起こっているかのように生々しく感じる状態を「フラッシュバック」と呼びます。フラッシュバックは、過去のストレス反応が十分に処理されないまま冷凍保存されて、記憶の倉庫に残っている場合に起こります。不安や恐怖に満

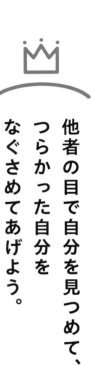

ちた子どもの頃のつらく悲しい体験が未処理のまま、長い間、心の中に押しとどめられ、放置されているのです。今、抱えているマイナス感情やネガティブ思考の根っこを知るには、冷凍保存されているトラウマ記憶と向き合って、解凍処理をする必要があります。ただし、真正面から無防備に向き合ってしまうと、フラッシュバックに飲み込まれてしまう危険性があります。

そこで、専門家と共に第三者目線でトラウマ記憶に向き合ってみましょう。幼かった時の傷ついた自分を、今のあなたが１００％子どもの側に立って理解してあげて、「つらかったね、よく頑張ったね」と、過去の自分に声をかけるのです。

セルフケア

- つらかった自分に第三者目線で共感的に話しかけてみる
- つらかった自分が感じていた気持ちを言葉にしてあげる
- トラウマ記憶の中の自分のストレス反応を完結させる

誰かに見られている気がする、誰かに悪口を言われているかも……

誰かや、何かと「ふれあい」「つながり」ながら、自分に心地よいことをしてみる。

自分以外は誰もいないはずなのに、「どこからか見られているような気がする」「自分の後ろに誰かがいる気配がする」。これは「気配過敏症」と呼ばれ、解離症状のひとつです。

また、「誰かに自分の悪口を言われているような気がする」「何かに追われているような気がする」といった「被害注察念慮」も、解離状態の人にはよく見られます。繊細で敏感な人の中には霊的な感覚を持つ人もいるため、このような症状がすべて病的であるとは限りません。このような状態では、心の中のインナーチャイルドが恐怖におびえているために、現実世界が恐怖に満ちているように感じられます。

そんな時は誰かや何かと「ふれあい」「つながり」ながら、「ワクワクすること」「幸せを感じること」「いい気分でいられること」をすると、自分の心が明るく温かく感じられるようになります。

どうしても気持ちを持ち直すことができなければ、心のカウンセラーに相談したり、解離がわかる医師にわかりやすく説明を受け、安心させてもらいましょう。

セルフケア

- 孤独で不安な時は、安心できる人とつながる
- 意識が解離し、自分でいられない症状だと知る
- 解離を理解し、薬で治そうとしない医師を選ぶ

現実感がない時がある、よく覚えていない時がある……

記憶の空白やフラッシュバックは、トラウマによる解離症状。

「解離」は、つらくて耐えられない体験を乗り越えるための心の防衛反応です。受けたストレスに対して「凍りつき反応」を起こします。その時の意識に別意識をつくることで、苦痛に耐えようとします。繊細で敏感な人は感受性が強く、心と体の苦痛も激しいので、解離状態になりやすいのです。失恋してぼーっとしている正常な解離から、心の中に別人格が潜む内在性の解離、さらには、はたから

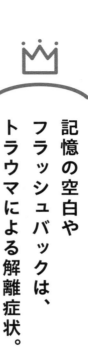

見ても別の人になってしまったように見える外在性の解離まで、その種類や状態はさまざまです。記憶に空白があったり、フラッシュバックが起きたり、頭痛や不眠など人それぞれです。また、乳児期はもちろん、幼少期のほうが解離が起きやすく、まだ主観的世界にいるので、それが特別なことだとは感じていません。解離は無意識に起きるため外見からはわかりにくく、自覚したり周囲が気づいたりするのは、記憶の空白を自覚できて客観視ができるようになる思春期頃からです。解離はトラウマの結果として起きるため、幼少期からの解離症状は、成育における慢性のトラウマが関係していると考えられ、これが発達性トラウマとなり、その後の人生を大きく左右していきます。

ポイント

- 解離は、幼少期の慢性トラウマが関係している
- 解離症状は、人によってさまざまである
- トラウマ治療の専門家にまずは相談する

目の前にないものをリアルに想像することができる……

人と違う目線で世界が見えているなら、その世界を楽しめばいい。

イメージを視覚化する能力はほとんどの人に備わっており、まったくイメージ化できない「アファンタジア」と呼ばれる人は、人口の1～3％しかいないといわれています。その対極として、何もない空間にあるものを想像すると、本物のようにリアルに見える「ハイパーファンタジア」の人が1％ほどおり、そのものを別の角度から眺めたり、自由に動かしたりできて、イメージをさまざまに変化させることもできます。20年ほど前の私のアンケート調査（約５００人）では、約半数の人がイメージしたものを視覚化でき、その半数は実体で見えることがわかりました。さらに、全体の１％くらいの人は実体のイメージに触覚や味覚などの五感を伴って見えていました。中には、天井を越えた位置から自分を見下ろしたり、自分が透明な容器に入って中から外界を見たりするイメージを持つことができる人もいました。ファンタジア能力が高い人は、数字や文字、色や音などの異なる感覚が組み合わさって感じられる共感覚があったり、紙面上に書かれた文字が浮いたり動いて見えたり、読み書きが困難になる学習障害（ディスレクシア）の傾向があったりします。

ポイント

- イメージを視覚化する能力は、ほとんどの人にある
- アファンタジアは、言語優位の超左脳型の人にある
- ハイパーファンタジアは、非言語優位の超右脳型の人にある

HSPの脳と体

疲れやすい、感覚が過敏である、頭がはたらかない、眠れない、頭痛やめまいがする、痛みがあるなどの慢性疲労の症状は、**脳と体の慢性炎症が原因**であると考えられています。慢性的に過剰なストレスを受け続けた結果、過剰なストレス反応物質が体や脳にダメージを与えたために起こります。

脳には、「脳の窓」と呼ばれる血液脳関門がない場所があり、体内からくる過剰な炎症性物質の影響で、免疫性の細胞が過剰活性化します。

HSPは、体の内外の刺激に過剰に反応しやすく、普通の人よりストレス反応が起きやすいため、**炎症が慢性化しやすく、慢性疲労を起こしやすい**のです。

慢性疲労の原因は体だけでなく脳にもあることを知り、脳の慢性炎症を抑えるためには、**心身の養生と体の健康の維持が何より欠かせない**ことをよく知って、日常生活の改善に努めましょう。

第2章

他人を気にしすぎることがなくなる考え方

他人の影響を受けすぎずに、自分を保つにはどうしたらいいの？

自分を守るために必要なのは、脳と心と体の自然な免疫反応

自他を区別する「境界線」（「自我」の防衛機能）と「自分軸」の強い人は、自分と他人の違いをハッキリ認めているために、他人の問題に巻き込まれにくく、自分に集中することができます。

一方、境界線と自分軸が弱い人は逆に、他人や環境が気になってばかりで、なかなか自分に集中できません。

繊細で敏感な人は、他人の心や体に起きていることにも無意識に同調し、まるで自分事として体感してしまいます。

また、親や家族が過干渉だったり支配的だったりすると、子どもは自分の気持ち（本音）を無視したり、抑え込んだりしてしまいます。そのうちに自己表現が

できなくなり、自分がどうしたいかもわからなくなって、相手に合わせて「他人軸」で生きるようになってしまいます。

自分に自信がなかったり、周囲に気を遣いすぎたり、他人を優先したりするのは、自分の本当の気持ち（本音）がわからなくなっているからなのです。

こういった傾向があることから、ＨＳＰは境界線と自分軸を意識してつくる必要があります。ただし、境界線を強くしよう、「自分軸」を持とうと頑張っても逆効果になります。「自我」を強くするのではなく、弱い自分を認めるだけで十分なのです。

脳や体と同じように心にも、自分とは異なるものや合わないものを排除したり受け入れたりする「免疫システム」があります。あなたが自分をつくろうと無理に考えなくても、努力しなくても、刺激に対する自然な反応を止めさえしなければ、壊れては再生する自然な心のはたらきを呼び戻すことができるのです。

人と本音で話せない、友人が少ない……

他人の人生ではなく、自分の人生を生きる。

繊細で敏感な人は、じっくり相手に向き合って深くわかり合うことを望みます。人付き合いは少人数のほうが心地よく、雑談や世間話は苦手で、1対1で話すほうが気楽です。また、深く広く考えてから話すので、大人しいとか無口だと思われることがあります。電話やチャットではすぐに応答できず、前もって話す内容を決めておかないとスムーズに会話ができなかったりします。

活動的で人と接することを楽しめる外向的な人たちに囲まれると、疎外感や孤独感を感じてしまったり、嫌われたくなくて相手につい合わせてしまう自分に罪悪感や劣等感を抱いてしまいます。人との境界線が弱いために、自分には関係のない問題に巻き込まれてしまったり、予期せず多くの人にイヤな気分にさせられたり、意図せず深く付き合うはめになったりしやすいのです。

幼い頃からの習慣で本音を隠して過ごし、陽気なキャラを演じて集団に適応したとしても、いつも他人に合わせてばかりで神経をすり減らし、心も体も疲れ果てています。人は、他人を利すると同時に自分を利するために生きています。そのためには、孤立することや嫌われることを恐れることなく、あなたはあなたがやりたいと思ったことを自由にやっていいのです。

ポイント

- 本音を隠して生きていると、親友ができない
- 本音を話せる人が、必要な友人である
- 人は、他人と自分を利するために生まれた

不特定多数の集まりが苦手、大人数の飲み会は居心地が悪い……

大人数の集まりや飲み会は、出席するだけで１２０点！

繊細で敏感なあなたは、大人数の飲み会で自分がどう振る舞ったらいいかわからず、居心地の悪さを感じていることでしょう。周囲の騒音や会話が耳について気が散ってしまい、ウワサ話や愚痴も苦手で、相手の表情や言葉に過剰に反応してすぐに疲れてしまいます。そして、その場でうまく振る舞えない自分を、「私はダメな人間なんだ」と責めてしまいます。

でも、飲み会に参加しているだけで、あなたは十分に頑張っている状態です。「大勢の集まりが苦手なのに、出席しただけでもえらい」と、自分をほめてあげましょう。みんなと会話をしたり、お酌や注文をしようとしたりしなくても大丈夫です。隣の人とだけ話すくらいで十分です。

また、顔見知りの少ない会合に出席するとなるともっとつらいので、友達や同僚にお願いして一緒に参加してもらうなど、対策を立てておくと安心できるでしょう。あなたにとって、合わない環境に身を置くことはとても過酷でつらいことです。「嫌われてもいい」「どうしても参加しなくてはいけない時以外は断る」と決意するのも、自分軸を立てることにつながります。

セルフケア

- どうしてもの時以外は断る
- 長居は無用、疲れたら先に帰る
- 疲れたらトイレなど、１人だけの空間で休む

人からの誘いを断れない、自分から誘えない……

自分は「過敏性だから」と、開き直ってみる。

人から誘いを受けると乗り気でなくても断れない、誰かを自分から誘うことができないのは、繊細で敏感な人が抱える悩みのひとつです。

人に対して不満を感じていても、「いや、自分が悪いのだから……」と自らを責めたり、「相手にも事情があるんだし……」と受け入れたり、「ルールだから仕方がない」とあきらめたりしていると、解消されない思いがさらなる不満や怒りとなって蓄積します。感情的にならないようにと思って気持ちを押し込めてしまうと、誰一人、また自分でさえも、その感情に気づかないまま時が過ぎてしまいます。すると、いつの間にか楽しめることや打ち込めることが見つからなくなって、趣味や人付き合いも減ってしまいます。

ふと孤独を感じたり、周囲に溶け込めているか不安になったりした時は、「人に嫌われても、避けられてもいい」と開き直りましょう。「しないように」と不安がっていると、その不安に意識が集中して、かえって「してしまう」もの。自分の敏感さを認めて開き直り、自分をしばりつけている心を解放して、受けたくない誘いにはのらず、人を誘う勇気を持つようにしましょう。

セルフケア

- まずは親しい人から誘ってみる、断ってみる
- 人を介して、または、人に一緒にいてもらって誘う・断る
- 本人に直接言うのが難しい場合、メールで誘う・断る

相手が望むとおりにしようとして、気疲れしてしまう……

あなたの「過剰同調性」がいつから始まったかを知ろう。

相手の考え方や気持ちを受け取って、その人が好むようなことを言ってしまう。その場の空気や雰囲気を読み、トラブルが起きないように自分を犠牲にして周囲に合わせてしまう。そんなあなたの「過剰同調性」は、いつから始まったのでしょうか。過敏な人の約半数は、子どもの時に厳しい環境に育ちます。生来の敏感さと現実の困難さから「解離」を起こし、別人格を内在させながら育ったりします。

両親の不仲や親からの拒絶、性的虐待、いじめなどのトラウマ体験が重なると、単純な解離からより複雑な解離へと進んでいきます。

家庭で安心・安全がなく育った場合、物心がつく頃から「いつも相手に合わせている自分」の他に、無意識に自分のことを冷静に見ている「しっかり者の自分」をつくります。つらい状況に置かれると感情や感覚を閉じて、後方にいる「自分」に意識を飛ばして自分自身を見ていることもあります。思春期に入ると、相手に合わせる自分からはみ出した攻撃的な「もう1人の自分」が生まれ、まるで別人格のように振る舞い始めたりします。

解離から回復するには、安心・安全な居場所を確保し、人に依存せずに「自分で決めて、自分で生きる」覚悟が必要です。

ポイント

- 逆境体験やトラウマ体験が解離を生む
- 自分の中に別人格をつくり、現実に耐える
- 思春期には別人格が暴れ出す

自分の本当の気持ちがわからなくなる時がある……

本音を出していないと、他人の気持ちや感覚が自分のものになってしまう。

繊細で敏感な人は、不安や恐れを伝える神経回路が活発で、次の行動を決める前に現状を過去の状況に照らす「現状確認システム」が強くはたらきます。そのため好奇心が呼び起こされても、それを自動的に制御してしまいます。

感情や感覚、直感に優れた人が多く、幼い頃のささいな出来事など、過去の体験をリアルに詳細に覚えています。かつて人に言われたこと、されたことで頭がいっぱいで、相手の表情やしぐさからたくさんの情報を受け取ってしまいます。本音を出せず、いつも自分より相手を優先してしまうため、多くの未完了のストレス反応を残し、トラウマ記憶として冷凍保存しています。気づかないうちに受け取った他人の感情や感覚を自分のものとして残しているので、自分の本音や感情がわからず、自分が自分ではなくなっているのです。

自他を区別する境界線のはたらきが弱く、不安や緊張も高いため、相手の支配を受けやすく、自己主張ができなくなります。そんな自分を解放するには、安心・安全な人や居場所を見つけ、そこに逃げ込んで助けてもらう必要があります。あなたの弱さや強みを教えてくれて、ほめてくれる仲間を見つけましょう。

セルフケア

- 集団の中で仲良くなれる人を、まずは１人見つける
- 安心安全な先輩や年上の人と一緒にいるようにする
- 自分らしくない自分を見つけたら手放す

人の感情に左右されてしまう、人の気分に引っ張られてしまう……

敏感な人は、ミラーニューロンのはたらきが活発。

脳の中には、他者の行動を見た時と、自分が同じ行動をとった時の両方で活動する「ミラーニューロン」という神経細胞のシステムがあります。人間はこの神経システムによって、他者の行動や意図を理解したり、無意識に他者のマネをしたり、相手の意図の影響を受けたりするわけです。

また、自分の恐怖と他者の恐怖の両方を併せ持ち、互いに感応し合うことが可

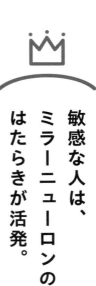

能になります。繊細で敏感な人は、このミラーニューロンのはたらきが活発であることがわかっています。ただ、あなたの近くにいる人が落ち込んでいると、強く共感してしまい、自分も一緒になって気分が沈んでしまうこともあるので注意が必要です。

他人の感情に振り回されたくないなら、落ち込んでいる人には近づかないことです。そんな人が近くにいる場合は、「人は人、自分は自分」と自分に言い聞かせるか、「バリア」と心で唱えて相手との間に境界線をつくるしかありません。あるいは、自分のものではない感情や考えを想像上の白い箱につめ、その箱を光の柱の中に入れて天に飛ばしてしまう、というイメージ法を試してみるといいでしょう。

セルフケア

- マイナス感情の強い人には近づかない
- ポジティブ感情の人で周りを固める
- 自分のまわりに境界線やバリア(防壁)をイメージする

初対面の人に対する接し方、振る舞い方がわからない……

初対面の人には、「繊細で敏感」であることをカミングアウトしてしまう。

会話をしていなくても相手を見ているだけで、その人の不安や緊張、不満や怒りなどが自分に伝わって移ってしまう。これは「情動感染」と呼ばれるもので、共感細胞であるミラーニューロンのはたらきが活発であるために起こります。

繊細で敏感な人はミラーニューロンのはたらきが強いので、無意識に相手の感情をくみ取って、先読みをしてしまうことがよくあります。中には勝手に入ってきた感情のせいで緊張してしまい、言葉が出てこなくなってしまうこともあります。

初対面の人と気の利いた会話をするのが難しいという人は、あらかじめ話す内容を台本にして用意しておくと、安心して会話ができるでしょう。「どちらにお住まいですか？」など定番のセリフをいくつか考えておき、何度か練習しておくのです。また、複雑な会話にならないように、相手がＹＥＳかＮＯで答えられるシンプルな質問を投げかけたり、人見知りで話すのが苦手であることを最初にカミングアウトして、相手に質問してもらったりするのもひとつの手です。相手もコミュニケーションが取りづらい理由がわからないと不安を感じるため、先に苦手なことを伝えてしまえば、「そうなんだ」と配慮してもらうことができます。

セルフケア

- 「ＨＳＰで話すのが苦手」であると先に伝えてしまう
- 初対面の人と話すためのメモを用意しておく
- 会話に困った時の定番セリフをいくつか用意しておく

人の輪や会話にうまく入っていくことができない……

苦手意識を認めて、無理して頑張らない。

繊細で内向的なあなたは、よく知らない人と世間話をするのは苦手かもしれません。井戸端会議は拷問のように感じるでしょう。何人か集まって大人数になると、自分のキャパシティを超えてしまい、グルグル思考に陥ってうまく話せなくなることもあります。自分モードに入ってしまい、固まって動かなくなるので、1人ぽつんと取り残されてしまうことも多いのです。慣れない人付き合いにぐったりしてしまって、体調を崩してしまうこともあるでしょう。

対応策としてはまず、自分が人の輪に入るのが苦手であることを認め、無理に頑張ろうとしないことです。人に嫌われても変だと思われても、今は仕方がないのです。どうしても話さなくてはならない時以外には、笑顔で感じよく会釈だけして、忙しいふりをしながらその場を立ち去りましょう。

その場を抜け出すことができない、そこにいる人たちと関わらざるをえないとなったら、気の置けない人にそばにいてもらうのがいいでしょう。もしできれば、その集団の中心的な人物や先輩格の人にくっついて、面倒を見てもらえるように頼んでおくと、少しは気持ちがラクになってくるはずです。

セルフケア

- 必要最低限の集まり以外は参加しないと決める
- うまく立ち振る舞えなくても、「今は仕方がない」とする
- 苦手な経験は、いつまでも続かないと考える

すぐに人を好きになってしまう、好きな人に依存してしまう……

恋は思案の外、恋に落ちたら時間と距離を置いてみる。

繊細で敏感な人は、無意識に人の痛みや苦しみに共感し、自分を犠牲にしてまで相手に過剰に同調してしまいます。その性質を見抜いて近づいてくる人もいて、気づけば支配欲の強い人や自分勝手な欲望に満ちた人、あなたに過剰に癒しを求める人と、いつの間にか付き合っていることもあります。中には、出会った頃はとても優しかったのに、そのうち、あなたを奴隷のように扱うようになる人がいるかもしれません。

また、自分をさらけ出してまで他人と親密になるのを怖がる一方で、表面には見えないその人の奥深さ、あるいは心の闇を見抜き、恐れながらも近づいてしまって、相手の意のままに深く付き合うはめになってしまうこともあります。

恋愛においても相手に支配されたり、相手に依存しすぎてしまったりすることがよくあります。感性が豊かなあなたは、恋の仕方がドラマティックで強烈です。まわりが見えなくなるほど、好きな人のいいところを見つめすぎてしまうのかもしれません。だからこそ誰かを好きになったら、友人に話をするなど意識的にアイスブレイクの時間をとって、時どきは客観的になるようにしましょう。

セルフケア

- 恋愛以外に楽しめる趣味を常に持っておく
- 信頼できる人に相談し、アイスブレイクの時間をとる
- 相手に「支配されている」と感じたら、すぐさま逃げる

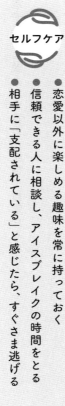

親や家族に愛されて育った記憶や自覚がない……

家族の支配から離れる覚悟をする。

なんでも親の言いなりで気を遣ってばかりいた子どもは、親の愛情を十分に受けていなかったと感じます。生まれつき繊細で敏感な子どもは、あらゆることに影響を受けやすく、家族の中で誰よりも敏感で、家庭の歪みをもっとも感じ取っています。その独特の敏感さから無意識のうちに、親が内面に抱える苦しみや矛盾に気づき、苦しくなって反応してしまいます。そのことに無自覚な親は子どもの鋭さが気にくわず、自分をかえりみることなく子どもの気持ちを抑圧してしまいます。

ＨＳＰの共感性の強さや過剰な同調性は生来の気質（生まれる前の遺伝子的性質）でもありますが、虐待的環境や家族内の対立、または、手のかかる兄弟姉妹がいるために家族に迷惑はかけまいと、本音を抑圧しているうちに備わったものかもしれません。「自我」が芽生えると同時に「いい子の自分」の背後に「もう1人の自分」が現れて住みつきます。それは家族の犠牲にはなりたくない自分で、怒りと不満と攻撃性を内在しています。一説によると、現代の日本において、本来あるべき愛着関係を形成できている家族は3割程度だといわれています。家族内に問題を抱えていることは決してめずらしいことではないのです。

セルフケア

- 自分の生い立ちや家庭環境を信頼できる人に話す
- 「いい人」をやめ、家族の支配から離れる覚悟を決める
- 家族の犠牲になった怒りと不満を認める

親の顔色をうかがってしまう、言いなりになってしまう……

あなたは、誰かに支配される存在ではありません。

幼い子どもは親に逆らっては生きていけないので、親の顔色をうかがって言いなりになるだけでなく、親の気持ちを先取りして支えようとします。親の愛情やサポートを十分に受けずに大人になると、表向きはしっかりしていそうに見えても自己評価が低く、周囲の人の態度や顔色を気にしすぎて極端に不安がるようになります。結果として、自分の本音を誰にも言えない、その一方で、親しくなった人には依存的になって、時に攻撃してしまうことも起こります。

生きることが不安で仕方がなくなると、人や物、仕事、自傷などに依存的になって、見捨てられる不安や親密さの回避を内在するようになります。このような子どもの頃からの「心の癖」や「負の信念」が、あなたをずっと支配し続けます。親子における人間関係のパターンが、大人になっても家庭の外でくり返されていくのです。

あなたが陥りがちなこの「思考の癖」は、手放すことができます。まずはＨＳＰに関する正しい知識を身につけて、自分がＨＳＰであることを認めて受け入れましょう。さらに、知識と技術を身につけ、「自分で決めて、自分で生きる」覚悟を持つことで、否定していた自分を少しずつ受け入れるようになります。

セルフケア

- 自分に対して「ありがとう」と声に出して言う
- いま一度、親との関係を見つめ直す
- 自分が親の支配下にあることに気づく

親の理想どおりにできず、罪悪感を抱えている……

その罪悪感は、幼少期の思い込みからきている。

共感性や同調性が強いあなたは、子どもの頃に親の言動から感じ取った、親が思い描く理想像にできるだけ自分を合わせようとしてきたことでしょう。それでも、完璧になれずにいる自分を責めて、足りない自分に罪悪感を抱いているかもしれません。

責任感が強いために、親の期待に沿うことができずに申しわけなく思いながら成長したＨＳＰの人はたくさんいます。人一倍優しいあなたは、親にそこまでは要求されていないことでも、幼い頃からなんとかしようと懸命に頑張ってきたと思います。しかし、ミラーニューロンが活発なので少しの違いも感じ取って同調してしまうので、許せずに苦しんでいます。

責任感や義務感の強いあなたは、うまくいかないことがあっても決して人のせいにはせず、「自分が足りないから失敗した。だから人を満足させることができないんだ」と思い悩んでしまい、その気持ちは大人になっても変化することなく続きます。子どもだった自分が抱えていた負の思い込み（マイナスの信念）を忘れることはなく、「自分はいい子ではなかった」と今でも反省し続けているのです。

セルフケア

- 自分を犠牲にしてまで人の期待に応えようとしない
- マイナスの信念の原因を知り、もう必要ないと手放す
- 親の期待と自分の理想の一致が罪悪感をつくっている

親が憎くてしょうがない、家族に暴力をふるってしまう……

冷静に自分を見つめ直し、モヤモヤを言葉にして吐き出す。

慢性的に家庭内が緊張状態にあると、ＨＳＰの子どもは自分の本音を抑えて、常に「いい子」として振る舞い、過剰に親に同調します。思春期に認知能力が高まって、親を客観視するようになると、潜在意識の下で悩みや苦しみを抱えていた「もう１人の自分」が意識に現われ、マイナス感情が恨みや憎しみに変わり、怒りとなって噴出します。これまで言葉にできずにいたマイナス感情が激しい怒りとなって、親や自分に向けられるのです。これが「トラウマ返し」と呼ばれる現象で、それまで「いい子」だった自分が急に反抗し始めるのです。

親に愛されず、無視されたり、認められなかったりして傷ついた子どもの心は、親や自分に対する攻撃反応、抑圧や解離などの防衛反応、依存や強迫などの逃避反応などの形で表れます。おとなしかった子が突然、人格が変わったかのような怒りの姿で現れるのです。解離した子どもは依存的になったり、攻撃的になったりしやすく、強い不安を背景に、親に対して甘えと攻撃行動を見せ始めます。その後、親の理解があれば、その中で癒され、時間をかけ自立に向かっていくのですが、親の理解がなければ、限りなく親への不信と怒りは続きます。やがては親への期待を捨て、独り立ちしていきます。

セルフケア

- 怒りの根っこにあるマイナス感情やトラウマを見つける
- 自分の中の「もう1人の自分」の声を聴く
- 親に対する期待を捨てて自立に向かっていく

子どもを支配する「やさしい虐待」

親が、自分が叶えられなかった願いを子どもに託し、子どもに過剰な教育（習い事など）やしつけを行い、子どもをがんじがらめにしてしまうことがあります。

親の愛情を受けることができず、「親のような子育てはしない」と心に誓いながらも、子どものためを思って、「そういう子どもは大嫌いよ」「社会に出て恥ずかしくない子になってね」などと、**かつて自分が親に言われた言葉を無意識に使ったりする**のです。

敏感な子どもはそんな親に素直に従い、親に甘えられなかったり、わがままを言えなくなったりします。子どもは親の顔色を見たり、親の思いをくみ取ったりして、本音の感情を押し込めてしまいます。

このような**他人からは見えない子どもへの支配**を**「やさしい虐待」**といったりしますが、親は自分の子育てを通して、自分が子どもだった頃の育てられ方を振り返り、**自分の心の中の幼い子（インナーチャイルド）**の気持ちを理解し、癒してあげることで、**過去に受けた親の支配から脱出**できるのです。

第3章

仕事や職場で困ることがなくなる振る舞い方

職場で困ったことがある時に、自分でなんとかする方法は？

自分だけの「逃げ場」を外と内につくる

本章では、繊細で敏感な人が抱える仕事や職場に関する悩みや不安を解消しましょう。

居心地のよい職場で仕事をしたり、安心できる人間関係を築いたりするのは、誰にとっても大切なことです。特にＨＳＰは、仕事に支障をきたさないためにも、「心理的安全」のある職場や人間関係を得ることは何より重要になります。

自分にとって心理的に安全な場所を確保するためには、職場のどこかに「自分だけの逃げ場所」を見つけておくといいでしょう。

例えば、あまり人の出入りがない会議室や資料室、別フロアのトイレなど、仕事中に不安な気持ちになった時にいつでも駆け込めるスペースがあると、安心して毎日を過ごすことができます。

その場所まで移動できない時のために、心の中に「シェルター（避難小屋）」のような場所もつくっておきましょう。心の中に意識を集中させて、外の世界をシャットアウトしてしまえばいいのです。

また、心理的に安全な人間関係というのは、誰もが自己主張ができる健全な関係性です。

例えば、イヤなことはイヤと言える。気が進まないことは拒否できる、また強要されない。お互いの話に耳を傾け合い、感じ方や考え方を押しつけ合わない。人格を否定されたり、決めつけられたり、怒鳴られたりしないことです。

人と対等な関係を築くには、「自分のことは自分で決める」「自分の生きる意味は自分がつくる」「自分は人と違ってもいい」といった「心の軸」（自分軸）を、しっかり意識することが大切です。

一度に複数の業務を進められず、仕事が遅いと怒られる……

複数の仕事に同時に取り組まず、優先順位で振り分ける。

繊細で敏感な人は、ものごとの細かい部分や本質的な部分に気がついてしまい、外の世界に引っ張られるか、逆に、外の世界を遮断し、想像の中に引き込まれやすい傾向にあります。目の前のことに過集中してしまって、効率よくものごとを進めるのが苦手で、一度に多くの仕事をこなすのも得意ではありません。ミスをしないように常に気を遣っているので、疲労感が人一倍強いはずです。

また、突然の変更や突発的な出来事が起こると混乱してしまいがちなので、そうなる前に、上司や先輩に伝えておくといいでしょう。仕事量が多すぎてどうしても仕分けができない時は、自分が一度に複数の仕事を引き受けると混乱してしまうことも伝えましょう。ただし、相手によっては甘えと捉えられかねないので、相談する際はわかってくれる人を見極めましょう。

仕事が丁寧で正確なので、ひとつひとつに時間をかけられる仕事や、じっくり向き合って集中できる仕事が向いています。雑音が入らない1人のスペースや、自分のペースさえ保証してもらえれば存分に力を発揮できるでしょう。

セルフケア

- 複雑な人間関係を調整する必要がない立場につく
- 自分のスペースを確保し、マイペースに仕事をする
- 突発的な変更や出来事に応じることのない仕事を選ぶ

急な予定変更など苦手なことで、パニックになってしまう……

パニックになったら、最初の６秒間で気をそらせ爆発を鎮める。

相手の都合や天候が理由で、スケジュールが急に変更になってしまった。これまでやってきたことが、突然ひっくり返されてしまった。こんな想定外なことが起きると、繊細で敏感な人の神経は高ぶりすぎて、パニックを起こしてしまいます。刺激に対して、速く・深く・大きく反応してしまうものの、行動を抑制する神経も強いため、パニックになっても、はたから見てはわからないように、不安や怒りを抑え込んでしまいます。また、とかく不可抗力でイヤな思いをすることが多いものの、理不尽だからといって相手を責めることができません。その反動で、過去の出来事とリンクしてフラッシュバックが起こり、不安や恐れが怒りとなって表れることがあります。怒りのピークは長くても６秒といわれ、最初の６秒をいかにコントロールするかがカギです。例えば、６秒かけてゆっくりと深呼吸をしたり、水を飲んだり、数を数えたりして気持ちを落ち着かせると、動揺を抑えることができます。我慢しすぎて怒りを爆発させないように日頃からガス抜きをしておくと、落ち着いて対処できるようになります。落ち着くことができたら、自分の胸や腹に手をあてて「ありがとう」と言いましょう。

セルフケア

- ひとまず深呼吸をして、とにかく感情の爆発を防ぐ
- ６秒かけてカウントするなど、何かをして気をそらす
- 不安や怒りは溜め込まずに、日頃から小出しにする

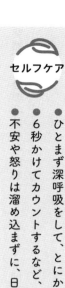

突然、自分の名前を呼ばれると、びっくり仰天してしまう……

急に名前を呼ばれると驚いてしまうことを、先に伝えておく。

ちょっとした刺激に驚いて体が大げさに動いてしまうのは、胎児期の原始反射である恐怖麻痺反射が残存しているためです。これは危険を感じた時に「身を固めて守る」という反射で、通常は出生後に消失します。恐怖麻痺反射が残っていると、多くの場合、背面の筋肉が常に硬い状態、その他も視覚や眼の神経の発達が未熟になりがちで、本を読んだり、誰かに視線を集中させたりすることも難しくなります。また、体の背面の筋肉群の緊張のために、視覚、アレルギー、学習、排泄、感情などに問題が出てきます。「引っ込み思案」「新しい状況や場所で無口になる」「いつもと違う状況をイヤがったり、対応が困難になったりする」「新しい遊びや活動を避ける傾向」などの特徴を持つ人に多く、背中の筋肉をゆるめていくことで、筋肉の血流が良くなり、神経が発達して、恐怖麻痺反射が改善されていきます。気がついた時から始めても問題はなく、背中の筋肉を順に優しくふれたり、なでたり、ゆるめたり、血行を良くして「心地よい」感覚や動きを導入していくのが効果的です。そんな自分の特徴を周囲の人に知ってもらい、性格の問題ではなく神経の性質なのだと理解してもらいましょう。声をかけてもらう時には、背後から急にではなく、正面から姿を見せてからにしてもらいましょう。

セルフケア

- 急に声をかけられるのが苦手なことを伝える
- 性格の問題ではなく、神経の反射なのだと説明する
- 背中の筋肉をゆるめていく工夫をする

上司や先輩に攻撃されやすく、自分だけよく怒られている……

あなたの心の中に、自分を否定する心が潜んでいる。

繊細で敏感な人の多くの悩みのタネは、自他の「境界線」が弱いこと。共感性や同調性が強いので、相手の言い分を受け流すことができずに相手に飲み込まれやすく、また、相手の感情が自分に侵入して同じような心境になってしまいがちです。相手の身を案じて親身になっているだけに、その人に裏切られれば当然傷つきますが、それでも相手ではなく自分の至らなさを責め、さらには、そんな相手に尽くしてしまうのです。すると、相手は満足するどころかさらに要求を強め、あげくの果てに、あなたが自分の落ち度を責めるように仕向けることもあります。そんな理不尽な関係にあっても、あなたは「自分が悪かった」と思ってしまうのです。

また、相手の気持ちを深読みし、「自分は嫌われ者でダメな人間である」と思い込んでいるので、無意識にそのように振る舞ってしまいます。もし上の立場の人から理不尽に攻撃されることがあったら、自分に自己否定する心がないか振り返ってみてください。自分を否定したり責めたりする心が見つかったら、「そうなんだ」「仕方がないよね」「人間だものね」と存在を素直に認めて、許してあげてください。

セルフケア

- 人に攻撃された時は、自分の心を振り返る
- 自分の心の中に、自分を責める心を見つける
- 自分を否定する心を認め、許してあげる

たとえ小さなミスでも、激しく動揺してしまう……

ミスをしても大丈夫、「人間だもの」と自分に言い聞かせる。

繊細で敏感な人は、感受性が強く、不安や恐怖への反応も強いので、マイナスに考えすぎてしまう傾向があります。「失敗したり、できなかったらどうしよう」と考えれば考えるほど、不安や恐れが増幅して混乱してしまうのです。

不安・恐怖の神経システムの中のひとつである扁桃体は、刺激に対して不安や恐怖の意味づけをする神経で、トラウマ形成に強く関係します。小さなミスでも激しく動揺してしまうのは、この不安・恐怖の神経システムのはたらきが活発になるためで、「〇〇しないように」と禁止命令を出すと、さらに不安が増強され、過去のイヤな記憶が呼び起こされたり、イヤな結果を引き寄せたりしてしまうのです。

そんな時は、「ありがとう」と魔法の言葉をすぐに念じることです。口には出さず、不安や恐れを感じたらすぐに、1回だけ心の中で念じてみてください。くり返すよりは、瞬間芸のように念じてください。マイナス思考の癖を変えるには、「ミスをしても大丈夫。人間だもの」と気楽に、軽い心で自分に言ってみることです。「なんとかしよう」と心を重くするよりは、「なんともならない」と心を軽くしたほうが、ものごとは進みやすいのです。

セルフケア

- ミスをなくそうとせずに、ミスがあってもいいと考える
- ミスする自分を認め、ミスすることを前提に対策を立てる
- イヤな気持ちになったら、「ありがとう」で吹き飛ばす

どんなに忙しくても、仕事を頼まれると断れない……

自分で予定を決めることは、自分の人生を生きること。

ＨＳＰが仕事を頼まれると断れないのは、ＨＳＰ特有の責任感や義務感、相手を思いやる気持ちが強いからです。あれこれ考えてしまう、自己主張できない、相手の言うことを信じてしまう、嫌われたくない、失敗体験を思い出してしまう、などといった傾向も関係しています。

断れない人は、相手にとってのさまざまな可能性を思い描いてしまう一方で、自分にとっての都合を考えないために即答したり、言われるままになったりします。自分の都合を考えるために、あとで答えを出してもいいのです。「少し考えさせてください」と答えれば、気まずくなることはありません。「ありがとうございます、今ちょうど忙しいので対応できません」と、感謝と自分の都合を伝えるのもいいでしょう。

また、言われるままに決めると考えるのではなく、条件付きで認めるなどして、双方の間の落とし所を探すのもひとつです。相手の気持ちや状況ばかり気にしていたら、「他人の人生」を生きることになってしまいます。自分らしく生きるためには、自分の本音をごまかさず、「自分で決めて、自分で生きる」ことが大切です。

セルフケア

- 相手ではなく、自分にとっての答えを出す
- 否定するのではなく、条件付きで肯定する
- すぐに決められない時は、いったん答えを預かる

人事異動や席替えがあると、環境の変化に対応できない……

環境に対する過敏性は、生きるために役立つこともある。

転勤や異動があると、新しい職場の雰囲気を察知したり、そこで働く人たちの感情を受け取ったりして、その場にいるのさえつらくなってしまうことがあります。例えば、人の悪口を言う同僚やネガティブ思考の上司がいると、居心地が悪くなるのです。繊細で敏感な人は、不安や恐怖、怒りや恨みなどのマイナス感情が苦手です。人の思考や感情は目には見えない波動エネルギーなので、マイナス感情の粗くて低い波動を無意識に受けて、船酔いしたように具合が悪くなってしまいます。どんな人の話にも相手の身になって耳を傾けてしまうため、悩みや愚痴を聞いていると、あなたの繊細で高いエネルギーが吸い取られ、元気をなくすかもしれません。生体エネルギーに敏感な人は、相手の思考や感情に影響されないように、自他の境界線を強くする必要があります。イヤな相手に捕獲されないためには、「ありがとう」と唱えて自分を「無」にし、不安や恐れを消すことです。あなたの繊細さに着目して生かしてくれる環境にいれば、あなたらしさが花開く可能性があります。自分にとってどんな職場環境が最適かを先にイメージして、紙に書いて（描いて）おくといいですね。

セルフケア

- マイナスのエネルギーの人には近づかない
- 境界線と自分軸を強くして、自分を「無」にする
- 自分の敏感さを評価してくれる環境を選ぶ

やるからには結果を出そうと、頑張りすぎてしまう……

人に嫌われてもいいから、心の蓋を開けてダメな自分を出してみる。

親に支配され自分の本音を出せずに育った人は、自分がどんなに苦しくても決して手を抜かず、疲労困憊になっているのに、まだ頑張り続けてしまうことがあります。責任感や義務感が強く、完璧主義であることから「みんなの期待に応えなくては」と、慢性疲労に陥っている自分にさらにムチを打って、頑張りすぎてしまうのです。

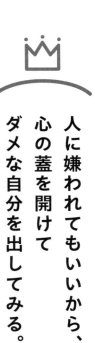

「人を助けたい」「誰かの役に立ちたい」と思って必要以上に仕事を抱え込んでしまうのは、「怠けてはいけない」「頑張らなければいけない」といったマイナスの信念や、「皆に認めてもらいたい」といった承認欲求が潜んでいるからかもしれません。こうした負の思い込みが強いのは、他人の評価を気にしすぎたり、自分の本音を封じ込めて我慢を重ねてきたためなのです。

「本当はこうしたい」という本音に蓋をして隠してばかりいると、楽しさや喜びを得ることができず、うつ状態になってしまいます。たとえ人になんと思われようとも、あなたがワクワクするならＯＫです。蓋を開けることで我慢から解放され、自分の弱さをさらけ出し、素直に人に頼ることができるようになります。

セルフケア

- 承認欲求を手放し、本音を出してみる
- 人になんと思われようとも、ワクワクすることをやる
- 我慢の蓋を開け弱音を吐いて、人に助けてもらう

今の仕事に向いていない気がして、転職をくり返してしまう……

仕事に自分を生かせないなら、次のステージへ。

繊細で敏感すぎる人は、人に取り囲まれるだけで緊張して疲れ果て、元気をなくしてしまいます。転職するたびに、そんな自分にダメ出しをして自信をなくし、不安や恐れが一層強くなります。

あなたの神経の高ぶりやすさは、周囲にはなかなか理解してもらえず、「大げさ」「わがまま」「メンタルが弱すぎる」などと、マイナスに評価されてしまいます。

マイナス感情を抑え込むと、そのストレスが次第に体の症状となり現れてきます。つらいので仕事を辞めたくても、「それは逃げだ」と人に言われ、我慢してしまうかもしれません。

そんな時は、身近な人に「つらい」「助けて」のひと言をもらしてください。素直に自分の苦しさを認め、つらい思いをしたことをポツリと吐き出してください。仕事や世間体よりも、あなたが元気でいることのほうがずっと大切です。

一度、仕事を休んで、１人でもいいので苦しさを吐き出し、空っぽになって心に余白ができると、新しいことを始める準備ができます。そんな時こそ、本音を知る絶好のチャンスなのです。

セルフケア

- 自分を守るために、まずは危険から逃げていい
- つらさから離れるのは、逃げではなく卒業
- 仕事を休んでつらさを吐き出し、心を空っぽにする

自分のせいで職場の人に迷惑をかけているかも……

「普通」や「常識」にとらわれないで。

どんな仕事も要領よくこなす同僚とミスばかりする自分を比較して、「自分はなんてダメなんだろう……」と落ち込んでいませんか？　繊細で敏感な人は常に、「なんで自分は普通のことができないんだろう」と感じています。危険を敏感にキャッチする不安・恐怖の神経回路が生まれ持って発達しているために、「○○したらどうしよう」と極端に心配する傾向があり、ミスや失敗を極度に恐れる強迫症になることもあります。人と同じようにできない自分や不安を抱えている自分を隠そうと、完璧を目指して頑張りすぎる癖もついています。ありのままの自分ではいられず、「こんな自分ではダメだ」と責めたり、罰したりしているのです。「本当はこうしたい、こうありたい」という自分の本音を抑圧して、「こうあるべき」と理想を掲げる「べき思考」に陥っています。

以上のことは、発達障害の傾向を持つ大人の人たちにも共通する特徴であり、皆、「生きづらさ」をわかってもらえずに悩んでいます。見え方・聞き方・感じ方が違うことを知ってほしい、うまく伝えるのが難しいことを理解してほしい、何かをしてほしいのではなく気持ちをわかってほしい、1人の価値ある人間として受け入れてほしいなど、自分に関わる人にわかってほしいと望んでいるのです。

ポイント

- 不安・恐怖の神経が生まれつき発達している
- ありのままでいられず、自分を責めている
- 本音を抑圧して、理想を思い描いている

自分には関係なくても、怒っている人を見ると落ち込む……

人に意識を向けるのをやめて、人の意識をシャットアウトする。

心が優しく過剰同調性の強いあなたは、職場で怒っている人や対立している人たちを見かけると、苦しくイヤな気持ちになります。自分に関係がないトラブルでも、まるで自分に関係しているかのように感じてしまうのです。繊細で敏感な人は、自他を区別する境界線のはたらきが弱く、自分でも気づかないうちに他人の感情・感覚が自分の中に侵入してきます。例えば、隣の人が緊張していると自分まで緊張してしまったり、批判や悪口を真に受けてしまったり、人の不満や不安がうつってしまったりするなど、他人に振り回されがちです。

脳内にあるミラーニューロンシステムによって、相手の表情や動作、感情や感覚をうつし取り、自分も同じように行動してしまいます。相手に意識を向けると、その人の意識があたかも自分に〝憑依〟したかのように感じてしまうのです。憑依を受けると、自分が自分でなくなってしまい、その人の意識に支配されているような感覚に陥ります。それに気がついたら、イヤがったり恐がったりせず、〝信頼できる〟霊能者に相談してみましょう。そして、外に向けた意識のアンテナを下ろし、「人は人、自分は自分」と自分に暗示をかけ、相手をシャットアウトするのです。

セルフケア

- ネガティブな人に意識を向けるのをやめる
- 他人との境界線を強くし、意識の侵入を防ぐ
- 「人は人、自分は自分」と、自分に暗示をかける

たわいもない雑談や表面的な会話が苦手……

自分の本音は隠すよりも、さらけ出したほうがいい。

内向的なあなたは自分への関心や意識が強く、人と一緒にいるのが苦手で1人が好きです。例えば、たまのお茶会や飲み会では、苦手な同僚とたわいもない話をすると疲れ、また、会話に入っていけない息苦しさに耐えられず、ついその場を抜け出してしまうこともあります。雑談が苦手なのは、「恥ずかしい」過去や「ありえない」失敗談など、他人にふれられたくない話題があるからかもしれません。

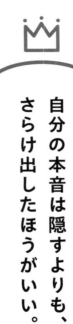

長い間、心を閉ざして本音を隠してきたために、もはや怖くて本音を出すことができないでいるのです。

人の幸せや成功を、心から「よかったね」と言えないのは、本音である嫉妬でいっぱいになった自分を隠しているからです。そんな自分に気づいたら、「うらやましい」「自分もそうなりたい」という本音を思いきって吐露してみましょう。自分では「恥ずかしい」と思っていることや、「誰にも見せられない」と思っている弱みが、実は他の人にも共通する悩みだったり、相手がすんなりと受け入れてくれることだったりします。自分の本音に気づいたら隠すのではなく、自分を否定しない人に出してしまえたら心が軽くなり、ありのままの自分になっていけるでしょう。

ポイント

- 本音とは、人に知られたくない心の秘密でもある
- 人の幸せを喜べないのは、「うらやましい」という本音のため
- 「恥ずかしい」と思っている本音は、人に共通する悩み

仕事で注意されると、全否定されたように感じる……

「いい子」の自分だけでなく、「悪い子」の自分も自分である。

小さな注意を受けただけで自分を全否定されたように感じてしまう人や、ささいなことで落ち込んでしまう人は、自己肯定感が低いといえます。

自分の敏感さを親に受け入れてもらえずに育った子どもは、周囲の評価に左右され極端に不安がります。また、表面的にはしっかりしているように見えても、誰にも弱みを見せられず、1人で悩んで落ち込んでしまうのです。

親に認めてもらえなかった子どもは、心の中にさびしさと孤独感を抱えており、怒りや絶望、不安や落ち込みなどを事あるごとに増やしていきます。そのため、自分が隠し持っている弱点を指摘されたり、自分と同じ弱みを他人に見せられたりすると、思わず嫌悪や怒りのスイッチが入ってしまいます。すると、相手を許せなくなったり、自分や相手に攻撃的な感情を向けてしまいます。

愛されることなくさみしい思いをしてきた子どもにとって、親の期待どおりでいることは安全な〝お守り〟だったのです。でも、人間的な自立や成長のためには、親に従順な「いい子」で生きるのはもうやめて、怒りや嫌悪、嫉妬に満ちた「悪い子」の自分も認め、「いい子も悪い子もすべて自分」だと受け入れていくことが大切です。

ポイント

- 親に愛されないと、心にさみしさを抱える
- 心のさみしさにふれられると、怒りが生じる
- 怒りに満ちた「悪い子」の自分も受け入れる

コラム
column

HSPに向いている職業

現代ではさまざまな職種があり、HSPにも「自分の好きなことをして、お金を稼ぐ」ことをしている人がたくさんいます。

例えばアメリカでは、映画やビデオ収集が特に好きだった女性が大学の図書館に勤め、上司を説得して映画とビデオのコレクションをそろえました。成人教育の最先端を行くそのラインナップは、彼女の狙いどおり全米一として大きな話題になったのです。

HSPの中にはその霊的能力から、**他人がなぜ苦しんでいるのかを察知することができる人がいます**。そして霊的能力によって、その苦しみを取り除き、人を導くための仕事につくことも多いでしょう。

誰かの心や人生を立ち直らせることは、まぎれもなく素晴らしいことです。けれども、HSPの中には自分より他人を優先して、今日一日を自分のために生きられない人もいます。HSPにとって、まずは**自分を大切にすることが優先であることを忘れないでいてください**。

人を助けることも重要ですが、**あなた自身が疲れていたのでは、他人を助けることはできません**。

第4章

あなたが
今、つらいのは
なぜなのか？

いろんなことが気になるのはなぜ？
自分が気にしすぎているだけ？

脳や体が疲労すると、より「過敏」になる

あなたの繊細さや敏感さには、性格の偏りや病気の傾向ということではなく、生まれ持った「気質」が関係しています。

「性格」や「人格」は、生まれ持った遺伝子そのままの性質ではなく、環境の影響で特定の遺伝子にスイッチが入ってつくられていく思考や行動のパターンのことです。

HSPは病気や障害の概念ではないのですが、その性質や特徴をよく知らないと無理をして生きるようになり、病気や障害を併発しかねません。

人のことを気に病んだり、自分はダメな人間だと決めつけたり、いつもクヨクヨ悩んだり……。繊細さや敏感さを持って生まれた人は、内向的で主観的で傷つ

きやすいがゆえに、マイナス思考に傾きやすいのです。

繊細で敏感な人は「自我」の防衛機能が弱いがゆえに、身のまわりでトラブルが起きると「自分のせいかもしれない」と考えて、自分を責めてしまいます。また、他の人が気にも留めないことに過剰に反応してしまい、ちょっとしたことで傷つきやすいため、日常生活を送るうえで「生きづらさ」を抱えます。敏感ではない人たちが気にもせず難なく生きられる一方で、いつの間にか心身ともに疲れ果ててしまいます。

ＨＳＰは何事にもストレスを溜め込みやすく、脳や体が慢性炎症を起こして細胞レベルから疲弊し、全身がエネルギー不足に陥っていきます。繊細で敏感なあなたの脳や心は、とても疲れきって機能不全に陥り、さまざまな刺激に対してますます過敏な状態になっていくのです。

体に不調が出やすくて困っている……

神経の過敏性が原因で、脳や体に「慢性炎症」が起きる。

コロナ禍で「慢性疲労」に注目が集まり、エネルギー不足の人が増えてきていることがわかってきました。ＨＳＰは常に交感神経を高ぶらせているため、疲労や疲労感も並大抵のものではありません。出力と入力がくり返される脳や体の自然治癒力が壊れてしまうと、慢性的な全身の倦怠感、運動時の強い疲労感、認知機能の低下、自律神経失調症など、いわゆる「慢性疲労症候群」に悩まされることになります。

慢性疲労症候群の本態は、脳や体の「慢性炎症」であり、生体のさまざまな慢性のストレス反応によって引き起こされます。「過敏」を呈するあらゆる状態は、脳や体の炎症が慢性化することで細胞が機能不全に陥り、ミトコンドリアによるエネルギー産生が低下し、細胞がエネルギー不足になって起こります。

慢性疲労症候群は早ければ、神経や認知の変わり目にあたる10歳頃から見られるようになります。それまでは主観的な世界にいた子どもが、少しずつ客観視できるようになり、外の世界からの情報が一気に流れ込んで、過剰な自律神経反応が起こり始めます。全身の細胞に負荷がかかって機能不全に陥り、慢性炎症が起きて、それが脳の炎症を引き起こしていくのです。

ＨＳＰは、敏感さがゆえに幼い頃からこの反応が蓄積され、ある年齢に達すると、さまざまな症状が出始めてしまうのです。

敏感すぎる自分がイヤすぎて、なんだか疲れる……

思い込みの扉、自己否定の扉を開けて、自我を解放する。

繊細で敏感な人の中には、霊性が高く、スピリチュアルな人がいます。異次元からのエネルギーは、脳の中心部にある「松果体」という分泌腺が関係しているといわれています。松果体は、概日リズム（体内時計）の調整に関わる睡眠誘導ホルモンであるメラトニンを分泌する脳の器官として知られていますが、出生や死に際して分泌されるＤＭＴ（ジメチルトリプタミン）の産生場所でもあり、古代から「第三の目」を司る場所と考えられてきました。

量子物理学が証明しているように、人間は物質体でもあり、エネルギー体でもあり、見えるもの（数値などで測定できるもの）にも見えないもの（数値などで測定できないもの）にも影響を受けています。

「こうあるべき」といった「べき思考」や、「そんなはずはない」といった思い込み、「どうせ私なんか」という自己否定の思いなどの自我のとらわれがあると、見えない世界を感じにくくなります。

また、思い込みが強いと、俯瞰してものごとを見ることが苦手になりやすく、主観が強く「自分の考えは絶対」だと思い込んで、頑固な一面を見せることもあります。そんな「思い込みの扉」や「どうせ私なんか」と思ってしまう「自己否定の扉」を開けて、ネガティブ思考や自責の念を解放しましょう。

何にでも敏感すぎてつらい、苦しい……

「過敏性」が生じるのは、エネルギーが循環していないから。

あなたが敏感になる理由は、脳や体などの目に見える問題だけではなく、「波動」と呼ばれる生体エネルギーも関係しています。

人間の体は、物質の最小単位である素粒子による波動エネルギーで成り立っています。この目には見えない波動が乱れていると、物としての心身に不具合が起こります。波動の乱れが物質の生成消滅や入出力の循環を滞らせるのです。神経伝達、ホルモン調整、免疫反応など、すべては自然に調整され循環しています。これらがうまく循環しているのが健康な状態であり、出力不全となって循環が滞ると過敏性が生じます。

波動エネルギーが乱れていたり、脳や体が不調に陥っていると、人一倍敏感になっていきます。この波動の乱れや脳や体の不調の原因は生後のものとは限らず、過去世や胎児期の影響かもしれません。

目には見えない世界は、素粒子だけではなく気体や化学物質にも及び、細胞レベルでの炎症を生じさせ、神経やホルモンや免疫の過剰反応を引き起こすと考えられます。

このように、脳や体といった「見える世界」（物質）と、波動や心の傷などの「見えない世界」（背景）の両面から、あなたの過敏性の真の原因を探る必要があるのです。

何に対しても敏感になっている気がする……

HSPには、脳・心・体・食・魂の領域に「過敏性」がある。

HSPでは、「脳・心・体・食・魂」の5つの領域に過敏性が生じます。

「脳」の過敏性とは、感情や感覚に関わる脳の領域が反応しやすく、脳の細胞がストレスにさらされやすい傾向にあることです。脳には神経細胞を有害物質から守るはたらきをする血液脳関門があります。これは脳に有害物や不要物が入り込まないようにするためのバリアです。視床下部や松果体、嘔吐中枢などがある脳室周囲器官にはこの血液脳関門がなく、ここからストレス物質や化学物質などの有害物が入り込み、炎症反応を引き起こします。

「心」の過敏性とは、感情や感覚などへの過剰反応です。心とは、体の内臓反応に由来する感情や感覚の総体なのです。

「体」の過敏性とは、体の各器官の過剰反応です。体は、内臓器官がお互いの細胞から情報伝達物質を出し合って情報を交換し、各機能を調整しています。

「食」の過敏性とは、食べ物に含まれるタンパク質や化学物質への過剰反応です。刺激によって神経や免疫が過敏に反応することで起きます。

「魂」の過敏性とは、過去世のカルマや胎児期のトラウマ、潜在意識の中にあるシャドーが原因です。魂は物質化していないエネルギーであり、体験の記憶を持って肉体と離れ、くり返し肉体に宿ります。

刺激を少なくしても、敏感に反応してしまう……

外界の刺激から守るだけではなく、内なる意識に目を向ける。

自然治癒力がはたらかない時に、出力不全とセットで入力過敏が起こり、過敏性が生じると前述しました。内なる刺激を出力できないでいると、ますます外からの刺激への感受性が高まり、過敏性が高まります。感情や感覚の出入力は、過去の経験から予測した情報と、実際に経験して得た情報との誤差を調整しながら行われていますが、入出力の循環が制限されると、「外部の情報は恐怖である」

という記憶情報が内部で増幅し、恐怖麻痺反応がますます強くなります。実際にあった例で説明しましょう。聴覚過敏の人に防音室に入ってもらい、外からの音を遮断したのですが、その人は「うるさい」と言い出しました。頭の中で音が鳴り響いてうるさかったようです。この例でわかるように、外からの刺激を避けると、内側が過敏になってしまうのです。ＨＳＰは、外からの刺激をシャットアウトするだけでは、その過敏性を抑えることはできず、自分の内からの刺激にも目を向けて、「敏感さ」の原因を探る必要があるのです。

意識の奥深くには、自分では気づいていない意識があります。木に例えると、地中の根っこの部分にあたる潜在意識や無意識の世界にふれて出力しなければ、いつまでも過敏な状態のままなのです。これは「自分らしさ」にもいえることで、性格など意識できる部分だけが「自分」なのではありません。意識の奥底でマイナスの感情や思考がくすぶっていて、それらに動かされ、支配されているのだと気づくことが大切です。生まれる前も含め、「過敏さ」の原因をたどる必要があるのです。

「なんで私だけ、こんな目にあうの!?」と思うことがよく起こる……

現実は、自分の潜在意識が引き寄せている。

ＨＳＰは周囲の人の影響を受けやすく、自分には関係のない問題に巻き込まれたり、人間関係の泥沼に引きずり込まれたりしがちです。カルマやトラウマがあるためにマイナスのエネルギーを引き寄せてしまい、イヤな目にあうことが少ないため、「なぜ自分だけがそんな目にあうのだろう」と思ってしまうのも無理ありません。世の中は目に見える世界だけでなく、目に見えない世界もあり、ネガティブな現実は自分の潜在意識の中にある不安や恐怖が引き寄せるので、原因を外に求めるのではなく、自分の心の状態を見つめ直す必要があるかもしれません。「思考は現実化する」（ナポレオン・ヒル）という言葉を聞いたことがありませんか？　現実は自分の潜在意識が引き寄せているので、「こうなったらどうしよう……」と恐れている世界を自らつくりだしていることになります。

また、「古事記」に日本の神話として象徴的に描かれたように、人の意識は「現象世界（見える世界）」と「潜象世界（見えない世界）」をまたいで行き来します。人は2つの世界あるいは現実の世界で、真逆の思考や感情を経験することで、善悪・正邪・優劣などの二極化を超えることができます。二極を統合する新たな世界観に目覚め、現実の悩み苦しみから解放されます。人は、今の自分とは真逆の思考や感情に、違和感や拒否感を覚えますが、それらは自分の潜在意識の中に隠され、封印されたものだったりします。立場を違えた経験の記憶が自分の中に潜み、今度はそれと対極の経験をしているのです。現実の問題は、現実を超えた次元から見つめ直すことで、本質的な解決方法を導けるのではないでしょうか。

自分のことがよくわからない……

自己否定をすると「境界線」に穴が開いて、自分を見失ってしまう。

ものごとや人間関係で傷つけられないためには、「自分は自分である」という自我の強さが必要なのですが、自責や自己否定をしていると自我が弱くなっていきます。すると、「自分」ということがよくわからなくなり、他人のマネをするようになり、他人に容易に侵入されるようになっていきます。自分の本質にたどり着けず、本当は豊かな才能があることに気づくことができなくなります。

「自分」という認識は、「他人から見た自分」と「自分から見た自分」、「自他の区別」と「自他の立ち位置」で決まってきます。自他を区別する境界線には、目に見えるものも見えないものもあります。

これらの境界線は自分を守るために必要で、自責や自己否定をすると「見えない境界線」に穴が開いて、他人の意識が勝手に自分の中に侵入し、自分の意識も勝手に相手に筒抜けになってしまいます。

私たちの意識は、この「見えない境界線」で他人と区切られていますが、これに穴が開きっぱなしになると他者の意識が勝手に侵入し、精神の病になってしまいます。

こういったことを理解するためには、「見えない世界」を知る必要があります。科学的根拠が重んじられる世界では説明できないこともあるからです。

人に嫌われるのが怖くて、自分を出せない……

他人軸から「自分軸」に切り替えて、自分らしく生きる。

「対人恐怖（視線恐怖）」「強迫観念（強迫行為）」「パニック症（過覚醒発作）」はいずれも、脳の扁桃体を中心とした「不安恐怖」の神経ネットワークが活発にはたらいている時の不安症状です。過敏症や不安症を発症する人たちは、胎児の時からすでに、胎外の気を察知し、緊張して固まるような敏感な人たちなのです。

そのため、人の影響を受けやすく、「自分軸」ではなく「他人軸」で生きてしまいます。「自分軸」とは、ものごとの決定をする際に「本当はどうしたいか」という自分の本音を大切にし、それを優先することです。「他人軸」との違いは、自分で選択しているか、自分で決めているかどうかです。この自分軸と境界線の意識が、自己防衛本能としての「自我」をつくっています。

繊細で敏感な人は、「〇〇しなきゃいけない」との義務感や正義感が強く、「〇〇さんのために」と他人軸で生きています。世間や相手を優先して生きている限り、「自由」は手に入りません。他人になんと言われようと、「〇〇する」と自分軸で生きることが、「自分らしく」生きることなのです。

ただ、「人に合わせないと嫌われる」「自分の思いどおりにするなんてわがまま」と自分を怖がらせるのは、潜在意識にある負の思い込みです。他人の支配から離れることではじめて、自分に「自由」をつくることができます。自分の本音を出力し、それを認めてもらえてはじめて、「自分らしさ」が自覚できるのです。

悪い人がどうしても許せない、気になって仕方ない……

いつの間にか「正義の使者」になっていませんか？

ＨＳＰは正義感が強く、人を守りたいという気持ちや使命感を持ち、頑固です。「善」は良きもの、「悪」は憎むべきものであると思っており、悪人や悪事を嫌います。

でも、善悪を分けることは、分離と対立を生み出します。腸内細菌に例えて説明すると、腸内の２割は善玉菌、１割が悪玉菌、それ以外の多くは日和見菌が占

めています。日和見菌は善玉にも悪玉にも変化し、全体のバランスを保っていま
す。悪玉菌は、外敵を破壊する力が強いがゆえに、自分の仲間も壊しますが、そ
の力なくしては、外敵から身を守ることはできません。必要があって存在してい
るのです。

繊細で敏感な人は、善悪や正邪を厳しくジャッジする傾向があります。「良い」「悪い」の二元論で考えてしまうがために不安や恐怖が生まれ、出力できなくなります。

「悪」に傷つけられた経験を持っていると、どうしても「悪」を恐れ避けるようになります。「悪」は恐れるものを見抜き、恐れを狙って攻撃してきます。なので、「悪はあってもいい。でも、自分は悪にはならない」と決め、「悪」を恐れないことが肝心です。それを認めて共存させるのが「統合」の感覚です。

「悪」の相手であっても、相手の立場に立ち、その人がそうせざるをえなかった気持ちや心の叫びを理解できたなら、お互いの心が通じ、相手の心が変わり始めます。

自己肯定感が低くて、自分にダメ出しばかりしてしまう……

心に巣くった「負の信念」に向き合い、それを認め・許し・手放そう。

自己肯定感が低い人は、自分は人に愛されていない、無視される、責められる、否定される、価値を置かれない、排除されるといった「負の信念」や、無力感、劣等感、罪悪感、焦燥感、不安感、憂うつ感、悲哀感などの「自己否定感」を持っています。

そして、「なんの取柄もない自分には価値がない」といったマイナス思考に陥ったり、「誰からも大切にされなくて悲しい」といったマイナス感情を抱いたりして、いつも「マイナスの自分」になっているのです。

そんなマイナス思考やマイナス感情がモンスター化して、自分や他人を攻撃したり、離脱（抑圧）状態や逃避（回避）状態になったりします。マイナス思考やマイナス感情をなくそうとして、「それじゃダメ」「それは違う」と否定しても、この心の中のモンスターは消えてくれません。否定すればするほど、むしろ肥大化してしまいます。

マイナスを恐れて、「抑え込もう」「消し去ろう」とするのではなく、「負の信念」をありのまま受け取り、マイナスな自分を「人間だもの、仕方ないよね」と受け入れるのです。マイナスな自分を「そのままでいいんだよ」と認め、「そうなんだね」と理解するのです。

つまるところ、善悪をジャッジしない「愛の心」で受け入れることでカルマやトラウマが癒され、モンスターは小さくなっていきます。愛に包まれると、「負の信念」は消えていきます。

人のエネルギーを奪う「エナジーバンパイア」

ある特定の人と会うと、毎回ぐったりと疲れてしまう……。そんな経験をしたことはありますか？ もしかしたら、その相手は**エナジーバンパイア**かもしれません。

彼らはほとんど無自覚のまま、あなたの精気を吸い取り、邪気を吹き込んできます。バンパイアたちはエネルギーの補給を他人に頼り、他人から活力を得ています。常にエネルギーが不足しているので、補充する必要があるのです。

心優しいHSPは「エネルギーが足りないなら、分けてあげればいい」と考えるかもしれません。けれども、油断は禁物です。

エナジーバンパイアには、被害妄想型、優柔不断型、不平不満型、自己優先型、批判型、虚言型、偽善型、自己正当化型、気分屋型、生きる屍型などさまざまなタイプがあり、マイナスのエネルギーを持っています。

エナジーバンパイアの攻撃から逃げるには、**境界線を保つ**こと、**いつも平常心でいる**こと、**恐怖心を持たない**こと、**相手を意識しない**ことです。

もしも自分がエナジーバンパイアだとしたら、そんな自分を認め、許し、受け入れることで、マイナスのエネルギーが消えていきます。

第5章

敏感すぎるあなたの心と体の守り方

化学物質や電磁波など、目に見えないものにも反応する？

環境過敏症が起こる原因は、脳や体の細胞の「慢性炎症」

ＨＳＰが過敏に感じるものは、五感や体性感覚（触覚・温度感覚・痛覚の皮膚感覚と、筋・腱・関節などに起こる深部感覚）、人の感情、場の雰囲気だけではありません。電磁波、放射線、気圧、光線、金属、溶剤、薬剤（殺虫剤や農薬）、石油化学製品、タバコ、砂糖、グルテン、化学調味料などさまざまです。体の細胞にとって、過剰な刺激（負荷）は大きな負担となり、細胞のミトコンドリアが産生するエネルギーを消費して、慢性のエネルギー不足による細胞破壊を起こします。この細胞をターゲットに免疫性の炎症が生じるのです。

また、日常的に、生物学的負荷（カビやホコリ、花粉など）や化学的負荷（貴金属や無機物、有機物など）、物理的負荷（熱や光、気圧など）、心理的負荷（ストレスや悩みなど）がかかっている人に、さらなる大きな負荷（負担）がかかった時に、破壊と再生、消滅と生成のバランスが崩れ、突如としてアレルギー反応や過敏症などを発症することがあります。

過敏症には、遺伝的影響、環境相互作用、酸化ストレス、全身性炎症、細胞機能不全、心理社会的影響などが関係し、アレルギー反応に比べて、普通の人では問題にならないような低い濃度で反応を起こします。症状は多彩で、多器官にわたる複雑な病状であり、発症してしまうと元に戻すのはとても困難です。刺激からできるだけ距離をとるようにしたり、刺激が発生するのを防ぐようにしたり、また、刺激になるものを体内から排出して、免疫の過剰反応を抑えない限り、症状の改善は見込めません。

多くの要因の中でも、未解決の感情的トラウマは過敏症の発症に重要な役割を果たしており、その解消は過敏症の治療に効果的であるとされています。過敏症の根っこには、目には見えない物質やエネルギーが関係しているのです。

食事の後、体がだるくなったり、具合が悪くなったりする……

食生活を振り返り、体調不良の原因を探る。

繊細で敏感な人の中には胃腸のはたらきが弱く、食事中や食後に腹痛・下痢・嘔吐などの症状や、眠気やだるさを感じたり、湿疹が出たりする人がいます。また、薬や食品添加物、砂糖・肉類・白米・小麦に過敏性を持ち、腹部に違和感が生じる人もいます。脳と腸は互いに影響を及ぼし合い、過剰な心配や慢性的な不安は胃に、細かいことへの執着は小腸に、自分に必要のない人・物・考えの影響などは大腸に関係してきます。また、胃腸に慢性的なトラブルを抱えている患者の多くに、幼児期のトラウマが関係すると報告されています。

漢方医学によると、脾（胃腸）の機能が慢性的に低下している「脾虚《ひきょ》」の場合、食欲不振やすぐに満腹になるなどの症状があります。鼻と口から取り入れた〝気〟のエネルギーが不足している「気虚《ききょ》」の場合、元気や気力がなく、疲れやすいといった抑うつ状態が見られることもあります。

食事中や食後に胃腸に症状があったり、眠気やだるさが強かったりする時は、食事の内容を検討し、糖類の過剰摂取を控える必要があります。また、心身の負荷で慢性疲労に陥っていないか、日常生活も見直してみましょう。

セルフケア

- 食事の時間・内容や体調を記入する「食事日記」をつける
- 日記を見返して、体調が悪くなる原因を見つけ出す
- 体調不良になる食生活の原因を取り去る代替品を探す

電磁波や化学物質が気になって仕方がない……

電磁波で調子を崩すのは、過敏症だから。

五感や超感覚、痛みなどの感覚ばかりでなく、食物や薬、化学物質や電磁波にも過敏な人がいます。電磁波に反応する人の中には、携帯電話を使うと激しい頭痛が起こり、体調を崩してしまう人もいます。この症状は、2005年にWHOが認定した「電磁波過敏症」と呼ばれる電磁波に対する過敏反応です。

脳は電磁波の被爆にもっとも敏感な臓器であり、電磁波は細胞の素粒子・原子・

遺伝子・高分子に影響を与え、細胞内で活性酸素を生成し、細胞毒性作用を及ぼします。中枢神経系だけでなく、生殖器系・心臓血管系・血液系にも強い影響を与えます。

原因不明の体調不良が起こる理由として、電磁波の影響で体内に静電気がたまり、帯電による血管の収縮からくる血流障害や筋緊張が挙げられます。また、空気中のちりやほこりを吸着してしまうせいで一連の症状が現れる「帯電障害」の可能性も考えられます。

ひどく体がだるい、異常に疲れる、頑固な冷えや肩こり、眼精疲労や乾燥などに悩まされている時は、静電気を大地に流す「アーシング（静電気デトックス）」を行うといいでしょう。

また、自然とふれあう、湯船に浸かる、水分を補給する、気功やヨガを行うのもいいでしょう。血行が良くなり、筋緊張がとれてリラックスするはずです。普段は静電気除去シートを使うようにしましょう。

化学物質に敏感で、症状が出て困っている……

化学物質過敏症、電磁波過敏症、慢性疲労症候群は重なり合う。

「過敏症」とは、さまざまな刺激に対する感受性が亢進し、通常はなんの反応も示さないささいな刺激に対して異常に強い反応を示す状態です。

繊細で敏感な人が毒性物質への曝露によるトラウマ、幼少期からの発達性トラウマ、慢性で過剰なストレスなどを受けた結果、ある時点から急に過敏性が高まり、常識を超えた過敏反応を表すようになってしまうことがあります。

イヤなことはもちろん、好きなことであっても我慢して無理をしすぎたり頑張りすぎたりしていると、ある日突然、慢性疲労症候群を発症してしまうかもしれません。

さらには、線維筋痛症、自律神経失調症、過敏性腸症候群、化学物質過敏症、電磁波過敏症などを合併するようになるので注意が必要です。過敏症は、検査しても原因がわからない脳や体の細胞レベルの慢性炎症が本態です。

治療の第一選択は、解毒（デトックス）と炎症の鎮静であり、薬や精神療法ではなく、〝毒〟になるものを極力排除する食生活や栄養の改善、適度な運動や良質な睡眠が優先されます。

寝つきが悪くて眠れない、眠りが浅くて目が覚めやすい……

日常の交感神経の高ぶりを下げましょう。

なかなか眠れないのは、繊細で敏感な人の多くに共通する悩みです。交感神経が高ぶりすぎて眠りが浅く、ちょっとした刺激ですぐに覚醒してしまうため脳が休まりません。中には長年、頭痛に悩まされ、熟睡できた夜がない人もいます。慢性で難治性の頭痛や頑固な睡眠障害は、解離状態を伴うＨＳＰの特徴的な症状です。慢性で過剰なストレスと睡眠不足、栄養不足が重なると、疲労感覚を麻痺させるアドレナリン、脳を活性化するノルアドレナリン、代謝や免疫を賦活《ふかつ》するコーチゾルなどのストレスホルモンの分泌が低下し、「副腎疲労」が生じます。すると、代謝や免疫力が低下してアレルギー症状や、慢性疲労、睡眠障害、起床性低血圧、集中力低下、疼痛、浮腫などの症状が現れます。

また、慢性で過剰なストレスのために、慢性疲労や解離状態が起きると、体は眠っていても意識は完全に眠っていない状態になり、睡眠剤の効果は期待できず、投薬量ばかりが増えてしまいます。精神疾患においては、薬に依存して症状だけ改善しようとするのではなく、症状が出るに至った根本原因を探り、日常生活から正していくことが必要です。

セルフケア

- 不眠症では、慢性疲労や副腎疲労に注意する
- 解離状態では、脳は眠っていても意識が起きている
- 症状(不眠)ではなく、根本原因を正していく

運動することが苦手、思うように体が動かない……

マイペースでできるリズミカルな運動をしてリフレッシュする。

ＨＳＰの人に運動にまつわるエピソードを聞くと、「走るのが遅くて、いくら練習をしてもかっこ悪いフォームになってしまう」「子どもの頃、ドッヂボールが苦手で、ボールが飛んでくるのが怖くて固まってしまった」などと、運動に苦手意識を持っている人は少なくありません。

過敏性は出力不全と入力の過剰とのワンセットで起こりますが、運動音痴や手先の不器用さも出力系の機能不全であり、過敏性と関係がありそうです。過敏性は日常的な運動によって緩和することが知られていますが、これは、ストレスに対する抵抗力を高めた結果であることがわかっています。

少し汗をかくくらいの20～30分程度の運動が推奨されていますが、激しいスポーツや団体競技を無理に行う必要はありません。ヨガやラジオ体操など、1人でマイペースに続けられるものや、ウォーキングやサイクリングなど、気軽にできるものから始めてみましょう。

繊細で敏感な人は、感覚情報処理の過剰のため脳がオーバヒートしがちなので、呼吸が少し速くなり、少し汗ばむ程度のリズミカルな左右の交互運動がおすすめです。

セルフケア

- 過敏性は日常的な運動によって緩和できる
- 運動はストレスに対する抵抗力を高める
- 呼吸が少し速くなる程度の運動がおすすめ

なぜ体に症状が現れるの？　ＨＳＰが病気や障害なのか不安……

「体のＳＯＳ」は、心と体の深い結びつきを表している。

「敏感さ」は、誰もが持ち得る生まれついての神経の特性です。ＨＳＰは、感覚刺激に対する神経の高ぶりやすさを特性としていますが、それは病気や障害の概念ではありません。過敏性がゆえに、慢性で過剰なストレスにより心や体に慢性炎症が生じ、慢性疲労症候群を発症することがあるかもしれません。

慢性疲労症候群は、神経発達症や愛着障害などと共に程度の差はあれ、ＨＳＰ

に合併しやすく、外見からはわかられないため、「見えない障害」といってもおかしくありません。

ＨＳＰは、何かと耐え忍ぶ傾向が強いために「我慢するストレス」や「頑張るストレス」が慢性化し、体が悲鳴をあげ始めます。心と体は深く結びついているため、感情や感覚を抑圧すると、さまざまな身体症状が出てきます。

「我慢は体に毒」といわれます。ＨＳＰは、あらゆることを我慢し続けてマイナス感情を溜め込むため、さまざまなトラウマを経験し、脳や体だけでなく霊的にも傷つくことがあります。

ポイント

- ＨＳＰは病気や障害の概念ではない
- 感情や感覚を抑圧すると、身体症状が出る
- 過敏性は発達特性と愛着障害を伴いやすい

社会にうまくなじめない、もしかしたら発達障害かも……

繊細さや敏感さは、生まれつきの神経の特性である。

これまで「発達障害」と呼ばれてきた診断名は現在、「神経発達症群」と改められています。その内容や程度はさまざまで、正常との境界が見えにくい連続体（スペクトラム）であると考えられていますが、診断のためには「臨床的に意味のある障害を伴っている」必要があります。

繊細で敏感な人の場合、不安感が強く敏感すぎる人は自閉スペクトラム症に、好奇心旺盛で新しもの好きな人は注意欠如多動症に、中には文字・数学が苦手で、立体や空間の認識に強い限局性学習症の特性を持っている人もいます。

ＨＳＰも神経発達症も生まれ持った神経の特性であり、また、生まれた後にも環境の影響を強く受けることも共通しています。客観視が弱く主観的なものの見方が強いことや、対人コミュニケーションが苦手なところ、自分がないところも似ています。

神経発達症も感覚過敏性を持ちますが、感覚への低反応もあり、共感性や同調性は高いとも限らず、定義や概念が違うので、同一の次元で比較することはできません。

ポイント

- ＨＳＰと発達障害は、定義や概念が異なる
- ＨＳＰは感覚特性、発達障害は脳機能特性
- 両方とも生来的であり、環境刺激で変化する

よく記憶がなくなる、自分が自分でない気がする……

頻回に記憶が飛んだり途切れたりしたら、「解離」を疑う。

自分が自分でないような感覚に陥る自覚があれば、解離状態である可能性があります。人は耐えきれないほどの過剰なストレスを受け続けると、体から出た炎症性物質で脳に慢性炎症が生じ、思考・感情・感覚の神経回路のつながりが機能的に遮断されます。こうして自己感覚や自己認識に、空間的・時間的に不連続が生じるのが解離状態です。

「解離」によって思考・感情・感覚・記憶・運動などに変容が起こると、離人感・現実感喪失・健忘・人格離隔などの症状が出現します。健康的なものから病的なものまで連続（スペクトル）しており、多重人格は、特定の意識状態・感情状態が、その人の体を部分的あるいは全体的に支配する現象と考えられます。

解離状態では、現実世界とは別の世界への意識の移行が起こり、目には見えないものの幻影が見えたり（幻視）、声や音が聞こえたり（幻聴）、さわられたりする（体感幻覚）などが出現します。これらは神経発達症や統合失調症でも起こりますが、神経発達症では過去の体験との関連が強く、統合失調症では幻視はほとんどなく、幻聴は意図が筒抜けたり、行動させられたりする「させられる」特徴があります。

ポイント

- 解離とは、思考・感情・感覚のつながりの遮断である
- 解離では、特定の意識状態（人格）が脳や体を支配する
- 解離でも、記憶障害を必ず呈するわけではない

気分の落ち込みがひどい、やる気がなくなることがある……

弱ってきているのを感じたら、とにかく休む。

繊細で敏感な人は、楽しくても恐ろしくても驚いても、神経が過剰に興奮しやすい性質を持ちます。過剰なストレス状態が慢性化すると、交感神経系の抵抗力が尽きて病的状態になり、防衛反応も回復能力も底をつきます。それに伴い、思考・感情・感覚の活動が低下し、抑うつ状態になります。

意識下にあるマイナスの感情や感覚は、ネガティブな思考や行動につながり、意識的なポジティブ思考はプラスの感情や感覚を生み出します。ポジティブ思考を身につけるには、プラスの感情や感覚、ポジティブな行動を継続する必要があります。

繊細で敏感な人は、疲労やストレスを感じやすく、慢性化しやすい傾向にあるため、病的状態に陥る前に、溜めてしまったストレスを解消する方法を見つけましょう。

「我慢するストレス」は、しゃべる、遊ぶ、運動する、などして発散することができ、「頑張るストレス」は、ヨガや瞑想、マッサージなどのリラクゼーションによって弱めることができます。

ポイント

- ストレスが慢性化すると、自律神経系が病的状態になる
- 思考・感情・感覚が停滞すると、うつ状態になる
- 我慢するストレスは発散し、頑張るストレスは弱める

ストレスで体になんらかの症状が出てくる……

まずは刺激の少ない環境に身を置く。

さまざまな刺激に敏感な人は、電磁波や化学物質、アレルギー物質などに対する過敏反応が身体症状として現れることがあり、他の人には理解されない悩みを抱えています。

体へのストレスは、神経伝達やホルモン分泌、免疫反応に影響を及ぼし、いずれも伝達物質とその受容体との関係で、過敏反応や過少反応が起こります。慢性的に過剰なストレスを受けると、これらの情報伝達系は機能亢進を経て機能低下に至り、やがて疲弊期に移行します。

情報伝達の回路が正常に巡っていないと細胞の受容体の数が増え、少しの刺激にも過剰反応を起こすようになります。細胞における慢性の炎症は、疲労・疼痛・過敏、不眠・頭痛・めまい、ブレインフォグ（頭のモヤモヤ）などの慢性疲労の症状をもたらします。

繊細で敏感な人や過敏症の人は、刺激に対して過剰な反応が起きることを想定し、十分な配慮、微少な刺激や投薬が必要になります。何よりまずは過剰反応を起こさないために、刺激のない環境を確保するようにしましょう。

ポイント

- 体へのストレスは、過剰反応や過少反応を起こす
- 情報伝達の回路が巡らないと、細胞が過敏反応を示す
- 細胞の過敏反応は、慢性炎症・慢性疲労を生じる

子どもの頃に虐待されていた、親との関係がいびつな気がする……

人に対して不安を感じたら、自分の育ちを振り返ること。

乳幼児期に無条件に生理的欲求を満たされ、安心感や安全感を十分に得て育った子は、親や他者、社会や環境に対し、基本的信頼感を獲得することができます。一方、親が無関心だったり、虐待を受けたりして育った子は、親子の絆が不十分で、通常とは異なる愛着パターンを示すようになります。

見捨てられる不安感や、親密性を回避したりする特徴を持つ愛着障害は、自己肯定・他者否定の「拒絶型」、自己否定・他者肯定の「とらわれ型」、自己否定・他者否定の「恐れ型」に分類されています。

愛着を得て安心して育った子は、心の中に居場所や安全基地ができるため、刺激過多の中にあっても心の中に逃げ込む場があります。逆に、十分な愛着を得られずに育った子は逃げ場がなく、あらゆる刺激が耐え難いものになるため意識を解離させ、危険を乗り越えます。

常に先回りして子どもの気持ちややることに口を出し、手を出すような過保護・過干渉な育て方も、子どもには刺激過多や同調圧力となります。外界への好奇心や探究心を抑圧し、子どもの自由と創造性を奪うことになりかねません。

ポイント

- 愛着障害は、基本的信頼感が育っていない
- 心の中に居場所がないと、ストレスで解離を起こす
- 過保護・過干渉は、子どもの自由を奪う

HSPにおすすめの食事

HSPは化学物質に弱く、好き嫌いも激しいので、コンビニのお弁当などの出来合いではなく、**簡単でいいので調理したものを食べることが肝心**です。

私は以前、勤務医で単身赴任だったので、3食とも病院食を1人で食べていましたが、開業してから10年間は、手づくりの温かいご飯を3食いただく生活に変わったのです。**無農薬の野菜を多く使った、玄米中心の食事**です。おかげで、高血圧や尿酸の薬の服用も必要なくなり、ハードスケジュールにもかかわらず、健康を保っています。

糖のとり過ぎにも注意したら、体重が一気に減りましたが、**糖質疲労も軽減**しました。つくってくれた人と会話し、毎日のストレスを吐き出し、**感謝を述べながら食べる**ことも良かったと思います。**頑張れる力は食事からとる**ことを実感しました。

「ごちそうさま（走り回ってつくってくれてありがとう）、おいしかったです」と心から感謝して食事を終えることができるといいですね。

第6章

HSPを支える8つの方法

【1】「見えない自分」を知る

あなたに見えている自分は「本当の自分」？

人は自分についてどこまで理解できているのでしょうか？
どのようにして「自分」について認識しているのでしょうか？
「本当の自分」を知らぬまま生きているのではないでしょうか？
自分には見えない自分を把握するには、次のような方法があります。

❶ 心理検査や催眠療法、夢分析などで調べてもらう
❷ 霊能者や占い師に鑑定してもらう
❸ 身近な人や関係者の意見を聞いてみる
❹ 自分が「嫌いな人」の姿を自分の姿だと思って見てみる

❺親の言動の中に自分と似ているところを見つける

私のクリニックでは、初診時までにセルフチェックリストを用いて発達経過や発達特性、精神症状や心理特性などを詳しくチェックし、初診時に本人の声紋分析や生体エネルギー測定を行い、「本人の全体像」を描き出します。

さらに、魂レベルに秘められた深い意識や思いを、催眠療法や霊能者により把握するようにしています。すると、意識的に把握された情報からは思いもよらない「本当の本人像」が見えてくるのです。

- 客観的に把握できる自分は顕在意識の中にある
- 自分には見えない自分は潜在意識の中にある
- 本当の自分は無意識の中にある

【2】アクティブレストで疲労した脳を休ませる

疲れたら休むのではなく、心や体を動かす

「アクティブレスト」とは「動的休養」という意味で、体を休ませるのではなく、適度な作業や運動などを通して脳の暴走を止める方法です。

うつや不安な状態にあると、頭や心は過去や未来のことばかり考えていて、「いま、ここ」の現実を疎かにしがちです。

人の意識様式には、外的世界への意識（外界認識）、内的世界への意識（自己内省）、感情・感覚への意識（内臓感覚）の3つのモードがあり、脳にはそれぞれに対応した神経回路が存在しています。

外界と内界への意識は対立的で共存しにくいのですが、体への意識は内外界をつなぎ、意識を「いま、ここ」に戻します。

アクティブレストは主に、次のような種類があります。

❶身体感覚に集中する：気功、太極拳、ヨガ、足湯、入浴、ツボ押しなど
❷内臓感覚に集中する：自律訓練法、呼吸法、マインドフルネス瞑想など
❸運動に集中する：ダンス、リトミック、ブレインジム、ウォーキングなど
❹人とのつながりに集中する：仲間や家族との会話や交流、遊び、散歩など
❺自分とのつながりに集中する：内観、内省、坐禅、日記、自己催眠など
❻人以外とのつながりに集中する：祈り、読経・瞑想・坐禅、動物・植物・鉱物、自然・宇宙、先祖・神仏、古典・名著など

こうして、日常の活動とは異なる形で心や体を動かすと、疲労した脳を効率よく休ませることができます。

【3】アンガーマネジメントで怒りを鎮める

怒りの根底にある「心の傷」と「べき思考」

アンガーマネジメントとは、「怒りを抑える」のではなく、「怒りを小出しにする」のが原則です。つまり、我慢して怒りを溜めずに、その都度、素直に表現していくことなのです。

怒りは人間の根源的な感情のひとつで、無理になくそうとしたり、感じないようにしたりするのは不自然です。痛みが体の危険を知らせるサインだとしたら、怒りは危険から身を守るためのサインだといえます。

怒りのエネルギーは他の感情に比べて強く、破壊的なパワーを持っているため、恐ろしいものや避けるべきものと思われがちですが、実は自分の「本音」を伝えるための伝達手段でもあります。

怒りの根っこには、苦しい・悲しい・つらい・くやしいといったマイナス感情が渦巻いており、いつまでも抱えていると恨みや憎しみに変わっていきます。

だからといって、いつも怒りを抑えていいわけではなく、「怒りたい時には怒る」を原則にしながら、怒りを爆発させないことが大切です。

怒りの感情のピークは長くて6秒といわれており、怒りを感じても爆発せずに6秒間だけ待てば、爆発を抑えることができます。ただし、怒りを感じる感度を高めておかないと、6秒間では抑えられないかもしれません。

怒りの根底には、ふれられたくない「心の傷」や「べき思考」があり、心の傷にふれられたり、「こうすべき」という自分の考えを否定された時にスイッチが押され怒りが爆発します。

踏まれたら爆発するような「心の地雷」があることを認め、それを意識していることで怒りの爆発を防ぐことができるでしょう。

【4】人に誘われた時はイヤなら素直に断る

相手の都合に合わせず、自分の気持ちに合わせる

できれば集団での飲み会や集まりには参加したくない時、自己主張の弱いHSPが素直に断るにはどうしたらいいでしょうか。

「自由とは他者から嫌われること（嫌われるからこそ自由になれる）」と、心理学者のアドラーは言っていますが、あなたが自分を好きになれず、心の中に自己否定感や見捨てられ不安、深い悲しみや怒りが渦巻くアダルトチルドレン（トラウマのために生きづらさを感じている人）だとしたら難しいかもしれません。

大勢の集まりに参加したくないのであれば、素直に自分の気持ちを伝えて、相手の判断をあおぐしかありません。頭でいろいろ思考し、良し悪しを判断していると、決められないのが普通です。

それよりも、その時の自分の体調や感情に素直に従って「行かないと決める」ことが先決です。決めたのであれば、あとは理由を考えるだけです。「集団がとても苦手で体調を崩してしまうんです」「急に誘われても予定を変更するのが無理なんです」と、自分なりのできない理由を素直に伝えれば、相手は「そういう人なんだ」と受け取るでしょう。

「嘘も方便」といい、相手を傷つけない嘘であればうまく使うといいでしょう。「今日はちょっと予定があります」「今日は少し具合が悪いです」などでうまくごまかしてください。

自分がない人は、すぐに答えられないことが多いので、「少し考えさせてください」と時間を取り、その間に断る理由を考え、次に聞かれた時のためにリハーサルしておくといいです。

無理して人に合わせてばかりでは自分らしさを失うので、「どう思われても仕方がない」「今、大切なのは自分」と思うことが大切です。

【5】タイムアウト法で気持ちを落ち着かせる

パニックになったら1人になり、クールダウンする

怒りを感じるたびに爆発させていたのでは、人と信頼関係を築くことはできません。人に対して怒りを感じた時は、瞬間湯沸かし器のように瞬時に水を沸騰させないよう、タイムアウト法を実践するといいでしょう。

アンガーマネジメントのひとつの手法として、「タイムアウト」というテクニックがあります。その場からすぐに離れ、数分間、刺激から遠ざかることで怒りに対処する方法です。

怒りは自分を守るための自己防衛反応であり、怒ること自体はいけないことではありません。しかし、怒りは他の感情よりもとても強いため、爆発させてしまうと、自分も周囲も今までの蓄積も瞬時に吹き飛び、関係性が切れてしまいます。

タイムアウト法は、気持ちを落ち着かせるための簡単なテクニックです。

例えば、はしゃぎすぎの子どもがいた場合、競技終了時の宣言でもある「タイムアウト」と伝え、他の子の目に入らない部屋のすみに座らせたり、静かな別室に連れて行き、しばらく座っているように伝えます。

少し時間を置いたら、タイムアウト終了を告げますが、その子に視線を送ったり、話しかけたりしてはいけません。先ほどまではしゃいでいた子どもはこの間にクールダウンして、冷静さを取り戻しているはずです。

この方法は、大人が自分に使っても有効なので、人の影響を受けてイライラが止まらない時や落ち込んでいる時に試してみてください。

パニックは、脳の痙攣発作のようなものであり、脳血流や代謝が一気に増加し、神経のはたらきが麻痺して神経回路がはたらかない状態になっています。クールダウンすることで、過剰な脳血流が元に戻り神経のはたらきが正常化します。

【6】あえて境界線や自分軸をつくらない

心の健康を保つ秘訣は「本当の自分」になること

「境界線」は他人と自分との間にある壁であり、外部からの刺激をさえぎってくれる「バリア」のようなもので、「自分軸」は価値判断の基準を自分に置くということです。どちらも「自我」という自己意識を保つための自己防衛機能であり西洋哲学の概念です。

反対に、東洋哲学では、自分らしく生きるのに「自我」はむしろ邪魔になり、自他の区別をなくして価値判断をしないことで「本当の自分」を導き出せると考えます。

外敵から身を守る時には西洋的自我が必要ですが、自分らしく生きる時には、あえてそれを手放してみることです。次の方法などを試してみてください。

❶自分を見えない光で包む：「言霊」（236ページ参照）を唱え、自分から出る光や心地よいエネルギーをイメージし、そのエネルギーで全身を丸く包み込みます。

❷自分や相手を意識しない：他人の感情から身を守ろうとしすぎると、かえって意識が相手と結びついてしまいます。あえて自分を守ろうとする気持ちを捨てて、他人に共感も反応もせずにいると、素通りすることができます。

❸自分の中からわいてくるものをつかむ：他人を優先させすぎて罪悪感を持った時は、自分の心に「本当はどうしたいの？」と聞いてみること。自問自答することで、自分の思い込みや他人からの刷り込みなど、自分を束縛しているものから解放されます。

❹自分で決めて自分で生きる：どうしていいかわからなくなったら、悩むのをやめると決めます。「どうにかなるさ」と執着を手放すと、「本当はこうしたい」という本音が出てきます。

【7】マインドフルネスで「いま、ここ」に集中する

雑念にとらわれず「無」になると心が強くなる

ＨＳＰは自他の境界線や自分軸が弱いため、他者の意識が侵入して、自分に集中できない状態になります。

自分の身体感覚に意識を集中する「マインドフルネス」は、内外に分散している意識を「いま、ここ」に集中させる瞑想法です。瞑想をするのに感情が乱れていても、体調があまり良くなくても問題ありません。現実のまま、ありのままの自分を認めて感じることが目的だからです。

誰もいない部屋で、目を閉じてゆっくりと呼吸します。骨盤を前に出して背筋をのばし、ラクな体勢のまま呼吸や丹田（へその下約10㎝）に意識を集中します。部屋の明かりや周囲の音があっても気に留めません。

もし目を閉じている間に何か考えごとが浮かんで意識が飛んでも、無理に追い払おうとせずに、ゆっくり呼吸し丹田に意識を戻してください。「深呼吸をしている自分の丹田」に集中します。

多くの不安や悩みは、まだ起こっていない未来への恐れや、すでに起きてしまった過去の後悔や恨み、自分とは関係のない他人の問題や、自分の中にある自分のものではない意識などに起因します。

「いま、ここ」にいる自分だけの時間と空間に意識を集中し、頭の中に不安や悩みが浮かんできても良し悪しを考えずに、気づくだけにします。

雑念にとらわれてしまうのが人間の常ですが、それらを消そうとせずに、「そうなんだ」と気づくだけでいいのです。消そうとすると逆に、その意識にとらわれてしまうので、「いま、ここ、すべて」と一瞬だけ念じて丹田に集中します。

【8】両側性の左右交互刺激で脳疲労を回復させる

「いつでも・どこでも・誰でも」できる自律神経の整え方

私は毎朝、気功・ツボ押し・筋トレに加えて、オリジナルの「カタカムナ体操」を行っています。ちなみに「カタカムナ」とは、相反するものがつながって循環する宇宙の原理（法則）で、2つの勾玉模様が合体した太極図や表裏がつながったメビウスの輪、無限に循環するトーラス構造などは、この原理を表した図です。

この体操は、首・肩・背柱・骨盤・股関節の相反する回転運動を順次に行っていくことで、体の気の巡りを良くします。

例えば、右上肢の前回しと左上肢の後ろ回し、上半身の右回しと骨盤の左回し、右下肢の右回しと左下肢の左回し、脊柱の前後左右の交互運動、上肢と下肢の左右クロスタッチ運動などです。

「ＥＭＤＲ」というトラウマ治療技法でも、眼球の左右交互運動を行いながら、トラウマ記憶の再生と新たな認知の編み込みを行います。「チャンスＥＭＤＲ」では、不快な記憶を想起させながら、基本の４か所のツボに両側性の交互刺激を行い、記憶の消去を行います。

こうした左右交互に行う刺激や運動により、前頭葉機能が活性化されて、大脳辺縁系にある不安の神経の機能が抑制され、覚醒が上がってプラス思考が引き出されます。治療の時だけでなく、治療後にも思いもよらない肯定的な変化が続くため「奇跡の治療」と呼ばれました。

脳や体の各臓器は、機能的にさまざまに変化し、相互につながって連絡をとりながら全体を調整しています。それは西洋医学的な神経・分泌・免疫機能だけではなく、中国医学的な氣・血・水のはたらきでも同じであり、滞ることなく巡って循環している状態が健康といえるのです。

コラム
column

HSPの恋愛と友情

HSPが恋に陥りやすいのには、いくつかの理由があります。**相手の思いに同調したり、共感したりしやすい**ことや、自分のことを自分で決められない**自分軸の弱さ**などが原因となります。

HSPの思いやりや優しさに癒しを求め、心にさみしさや欲望を持つ異性に、知らぬ間に接近されて付き合うことになり、相手の求めに応じてしまうこともあります。

HSP自身も、相手の感性のよさや、自分にはない積極性や外向性に憧れ、幼少期に親から得ることのできなかった肌ざわりや温もりを求めていきます。

やがて、自分と相手の性質や求めているものの違いに気づき、親密になりきれず恋が重苦しく感じてくるのです。

HSPは、**自分の性質を理解し、芸術的な活動や1人で過ごす時間を許してくれ、自分軸のしっかりした相手に出会えたら幸せに暮らせます**。

HSPの強みも弱みも受け入れてくれて、苦手を責めずに補ってくれる相手と過ごすことで、自分だけでは得られない経験や幸福が手に入ることでしょう。

第7章

HSPが「自分らしく」生きるために

「生きづらさ」を感じるのはなぜ？
どうしたら「自分らしく」生きられるの？

あなたが生きづらいのは「本当の自分」で生きていないから

感受性が強く、内面的な世界を指向するHSP気質には、生まれ持った不安・恐怖に関係する神経系の遺伝子が重要なはたらきをしますが、胎内にいる時からすでに環境の影響により、これらの遺伝子の翻訳が調整されています。

HSPは敏感で不安・恐怖が強い性質と、真面目で責任感や正義感の強い性質を持ち、相手が理解できないと感じると本音を言えなくなります。その「感覚情報処理の過敏性」を理解されず、自分を出すことが難しい環境に身を置くことが多いのです。

本当は根っこにある感覚過敏性や愛着障害や慢性疲労が問題なのに、西洋医療では検査により診断や病名をつけることに専念し、診断や病名がつかない問題に関しては「心の問題」として曖昧に扱います。感覚情報処理の過剰負荷やトラウマが原因になって脳や体に慢性炎症が起き、臓器が機能不全になっていることに気づいてあげなければいけません。

人は成長する過程で、親や世間に常識や世間体を刷り込まれ、自分もそのように思い込むことで「自我（自己防衛）」を形成していきます。HSPはその特性から、「自分軸」や「境界線」が弱いため、周囲に左右されて環境依存的になりやすいのです。

「自分らしく」生きるためには、気がつかないうちに身についた刷り込みや思い込みに気づき、潜在しているマイナス感情に目を向ける必要があります。

攻撃や抑圧や回避などの自己防衛反応を強くするのではなく、マイナス感情を認め受け入れることで自己肯定感が生まれてきます。「本音で生きる」と決めたら、思いもよらなかった「本当の自分」が心の底から出てきます。

「本当の自分」がわからない……

「見える世界」だけでなく、「見えない世界」も知ることが大事。

私たちが生きているこの世界は、「見える世界」と「見えない世界」が重なり合って成立しています。

「見える世界」は物質やモノなどの古典物理学の世界であり、「見えない世界」は生体エネルギーや波動などの量子物理学の世界です。目に見えるモノは分子や原子（陽子・中性子・電子）で構成されており、原子を構成しているさらに小さな素粒子（光子・クォーク）は粒子と波動の二重性を持ち、物質とエネルギーを相互変換しています。量子は、観測されるまで不確定な状態ですが、観測されることによって特定の状態に落ち着いたり（量子重ね合わせ）、離れた一方の状態が他方の状態に瞬時に影響を及ぼしたり（量子もつれ）する性質を持つことが知られています。心と体を扱う医学の世界においては、分子レベルだけでは説明のつかない不思議な現象が日常的に経験されますが、物理的・科学的には説明できなくても量子力学的には説明できそうです。

また、医学においては、検査で明らかな異常が見つけられる器質性疾患と、検査では明らかな異常が見つけられない機能性疾患があり、検査で証明できる科学的なものだけで病気を理解することには限界があるのではないでしょうか。

心を理解するにも、脳や体、顕在意識や潜在意識の範囲だけでなく、霊や魂といった無意識の世界も考慮する必要があります。このように、２つの世界を知ることは、霊や魂レベルの「本当の自分」を知る手がかりになります。ここからは、「見えない世界」にも目を向けていきましょう。

自分らしくありたくても、どう生きればいいかわからない……

「いま、ここ」に集中し、直感を生かすことで「自分らしく」生きられる。

ある店でアフリカン・アートを見ていたペンキ画家のショーゲン（SHOGEN）さんは、天啓を感じ、すぐに仕事を辞めて、その絵を教えるタンザニアの村に飛んで絵を学びました。

ある時、村人に「ショーゲンの話は過去と未来の話ばかりで、今を生きていないよ」「心はそこにいるのか？」「心の中の水がなくなっているよ」と言われ、自分が「〝いま、ここ〟にいない人」になっていることに気づいて衝撃を受けたといいます。

またある時には、女の子に「今日は誰の人生を生きるの？」「私は自分の人生を生きるよ」と挨拶され、「これが本来の日本人の挨拶だったはず」「自分の心の喜びに集中していれば、まわりの人が明るく幸せになっていくよ」と教えられたそうです。

ＨＳＰの多くは幼い頃から、敏感さの裏に隠れた「本音」を誰にも言えなかった経験から、次第に心を閉ざし、親や周囲の大人の顔色をうかがって育ったりします。心を閉ざしてしまうと、いつしか自分がわからなくなってしまいます。

「自分らしさ」がないと気づいたら、「いま、ここ」の自分の感情や感覚に意識を集中し、「やりたかったこと」を思い出し、それができる環境をリアルにイメージしましょう。自分の直感を生かし思い浮かんだら、すぐにでも行動に移してみましょう。

自分に自信が持てない、自分に才能があるとは思えない……

自分らしく生きられない原因は、心の見えない部分に隠れている。

あなたが自信を持てないのは、「本当の自分」を知らないからです。「本当の自分」は現実の自分を超えた先にあるため、「見える世界」の裏側に「見えない世界」があることを理解しなければ、「本当の自分」を見つけることはできません。

まずは、あなたの繊細さや敏感さの本質はなんなのか。人一倍過敏になる原因やその意味はなんなのか。そのことを知るために、表面的な問題では解決できない真実が隠されていることを知る必要があります。

あなたの「敏感さ」は、顕在意識での問題だけでなく、潜在意識や無意識のさまざまな問題に裏打ちされて起きています。科学の物差しでは測ることができない「目に見えない」原因があることに気づき、「敏感さ」を広く捉え直すことが重要です。

樹木に例えると、地中の根っこの部分にある「目に見えない」問題に向き合わなければ、自分が根本的に変わっていくことはできないのです。地上の「目に見える」部分だけ自分を捉えようとするのではなく、もっと深くにある自分を養っているところへ意識を向けていきましょう。

すると、今の自分で認識できる範囲を超えた、無意識から生まれてくる「本当の自分」に気づくはずです。

ずっと気を張っていて疲れてしまう……

脳の炎症を伴う疲労感を取るためには、体のメンテナンスが重要。

繊細で敏感な人は、交感神経系が過剰に活動して高止まりしており、容易に通常モードに戻りません。体をゆるめることができず、緊張しっぱなしで、脈拍が速くなり、便秘傾向になります。

疲労感をもたらす脳の慢性炎症を抑えるためには、まず睡眠不足や筋肉疲労、環境ストレスや精神的ストレス、感染や消耗性疾患などに伴う「細胞ストレス」と、それによる「細胞疲労」や「細胞死」を防ぎ、炎症性サイトカインの放出を減らすことが重要です。

体の細胞疲労を回復するためには、十分な睡眠や有酸素運動に加えて、豚肉・玄米・豆類などに多く含まれるビタミンB_1や、野菜・果実に多く含まれるケルセチンやアンセリンなどを積極的に摂取する必要があります。

細胞のミトコンドリアの活性酸素を除去してエネルギー産生を回復するには、ビタミンB・C群、グルタチオン、鉄・亜鉛・マグネシウムなどの抗酸化物質の摂取が欠かせません。

脳の老廃物は、睡眠中に細動脈周囲の細胞間質液に放出され、脳脊髄液に排出されるため、脳内の解毒のためには十分な睡眠が重要となります。

一度怒ると、なかなか収まらない……

怒りが爆発するのは、心に傷を負って我慢しすぎているから。

繊細で敏感な人は、細かいことにも気づきやすく、刺激に反応して交感神経が興奮しやすい傾向にある一方で、感情を出すのは苦手で、マイナスの感情を溜め込んでしまいがちです。感受性が強いために、幼い頃からストレス反応を起こしやすく、厳しい対応をされるとトラウマとなり、凍結保存されたトラウマ記憶として長く残ります。溜め込んだマイナス感情を我慢していると、怒りとして爆発

したり、身体症状化したりします。怒りを爆発させないためには、

❶ **怒りを抑圧したり溜め込まないこと**
❷ **「べき思考」「白黒思考」をやめること**
❸ **安心・安全な環境で１人で怒りを出すこと**
❹ **怒りを受け止めてくれる人に吐き出すこと**

癇癪やパニック、拒食や過食、こだわり行動などは、現状に過剰適応しようとするために、本音を隠し、我慢と忍耐を続けた結果、起きてきます。

脳に慢性炎症が起きると、内臓感覚が脳に伝わりにくくなり、前頭葉の感情抑制のはたらきが弱まると、不安・恐怖の回路の暴走を止められなくなります。

マイナス感情の暴走や爆発を防ぐには、自分の本音を感じ取り、思いきって素直に出すことを日々の生活でくり返すことです。

いつもやらなきゃいけないことに追われている……

自分の感情・感覚に意識を向けることが必要です。

繊細で敏感な人は、他人の感情や感覚には敏感なのに、自分の本音には鈍感です。正義感や義務感を持ち、真面目で責任感が強いため、他人にイヤな思いをさせたくないのです。

常に緊張していて交感神経が高ぶっているため、リラックス状態にあることが少なく、自分の「心地よさ」を優先することを忘れています。

ネガティブ思考からポジティブ思考に変えるより、好きなことや楽しいことをしてマイナス感情をプラス感情に変えるほうが、不思議とものごとはうまく回るようになります。いわゆる「引き寄せの法則」では、顕在意識よりも潜在意識が作用するので、自分の心と体を気持ちいい状態にしておくことが大切です。

何もやる気が起きない時には、義務感で無理に行動しないように気をつけましょう。そんな時は自分の体に意識を向けて、焦らずにゆっくり過ごすことです。

無気力になるのは、体の細胞ストレスにより細胞疲労や細胞死がまず起き、そこから出された炎症性サイトカインが脳に慢性炎症を起こしているためです。倦怠感は脳の慢性炎症からきているので、休んでもなかなか回復しません。

「心地よいか」「無理をしていないか」「自分を一番大切にしているか」をいつも感じて行動するようにしましょう。自分の感情や感覚を感じることが、ＨＳＰには必要なのです。

自分はハイパーファンタジアだと思う……

感覚は脳でつくられ、外界に投射できる。

繊細で敏感な人の中には、超右脳的な人がいて、頭の中でも空間上にも、イメージをリアルに見たり感じたりすることができる人がいます。目の前に存在しない物体を頭の中や目の前に視覚化（イメージ化）できるのは、視覚情報の流れが通常とは逆になり、意図したイメージが頭の中でつくられ意識にのぼる「逆視覚」という現象で、「マインズ・アイ（心の目）」などと表現されてきました。

私がかつて５００人ほどのさまざまな年齢の男女をアンケート調査で調べた結果では、「本物と区別がつかないほどハッキリ見える」人が２％、そのイメージに感覚が伴う人が１％ほどいました。

ここ10年ほどで科学的研究が進み、思い浮かべたイメージの鮮明さには個人差があり、「実際に見ているのと同じくらい鮮明な」視覚的イメージを見ることのできる人（ハイパーファンタジア）（１％）から、まったくイメージが浮かばない人（アファンタジア）（３％）まで幅広い分布があることがわかってきました。

心的イメージは、夢や白昼夢、回想や空想、将来の熟考、計画と問題解決、視覚記憶タスク、ナビゲーション、精神的訓練、散文の読み取りなど、日常のさまざまな状況で発生するよくある現象ですが、幻覚や妄想、心的外傷後ストレス障害のフラッシュバックなど、病的な精神状態でも生じます。

ハイパーファンタジアは想像力・創造力に関係し、アファンタジアは想像力の欠如を意味するものではないといわれています。両者の主観的経験には大きな違いがあるにもかかわらず、日常生活への影響はまだよくわかっていません。

この先、どうやって生きていったらいいか不安になる……

こうありたいと思う未来のイメージが「今」を変える。

「どうして私には自分がないの？」「なぜ私は親の望むままに生きてるの？」、そんな気持ちで自分を変えようとしても難しいのは、「変えよう・変わろう」が自己否定だからです。そもそも自分は親や誰かのコピーであって、「本当の自分」など育っていないのだとしたら、今の自分を否定せず受け入れながら、本当の自分をつくっていくしかありません。自分の弱さ・醜さ・無能さを素直に認め、受け入れた時に、出すのも恥ずかしくて封印していた本音が動き出します。

人は共感し助言はしてくれても、自分の代わりには生きてくれません。ならば、ダメな自分を受け入れて、習いたくても習えなかったことをやってみること、昔できなかったことをあらためてやってみることです。心のセラピストは自分自身の中にいるし、どう生きていくかの答えは自分の心や体の中にあります。だから、常識や世間体よりも自分の心と体の反応を大切に、「どう思われるか」などの不安を手放して、やりたかったことをやっていると、欲しかったものが引き寄せられてきます。

何かを求める時に、自分の心と体を元気にさせてくれるのは、それが実現した時の喜びと感謝です。そこで、未来を先取りして「実現しました。ありがとうございました」と具体的にイメージして合掌してみてください。お願い事はすぐに叶うとは限らないので、いったん祈ったことも忘れて過ごしていると、思わぬ時に結果が得られます。そもそも自己肯定感を持てている人は、自分に対して好き嫌いも良い悪いもなく、何かに突き動かされるように生きています。

やりたいことがわからない、自分を見失っているような気がする……

体験で学ばなければ、本当の「わかった」にならない。

「自分のやりたいことがわからない」という悩みは、かつて私自身も経験したので、その焦燥感はよくわかります。

大学に入学後の1年間、私は心にポッカリ穴が開いた感覚に陥り、抑うつ状態でキャンパスライフも楽しめず、自分の中にもう1人の自分がいるように感じていました。

文学や哲学の本を読みあさり、「生きるのに大切なのは主体性である」ことを学んだものの、理屈はわかっても実感として捉えることができませんでした。憧れの山岳部に入部して一年目のある登山の時に、「よく動く、いいやつだ」と先輩に何気なくほめられた瞬間に、「自分はこれでいいんだ」という目から鱗が落ちるような感覚を味わいました。

下山してみると、私の中にいた2人の自分が融合して1人になっていました。それからというもの、すごく元気が出て主体的に生きられるようになりました。頭で悩まずに大自然に接しながら、人とふれあい、心がつながったことで、長いこと閉ざしていた心の蓋が開き、「これでいい」という思いと共に自分の本音が出せるようになったわけです。

この経験から学んだことは、「いくら頭で理解していても実体験で学ばなければ、本当の〝わかった〟にならない」ということでした。本当に「わかる」には3つの段階があります。「頭でわかる」「心でわかる」「身にしみてわかる」です。

いつまでも「自分探し」をしている……

「本当の自分」とつながると、思いとは違う人生を求められる。

今度は私が体験した「へそがわく」という感覚についてお話ししましょう。30代半ばで、お寺での祈りの最中に起きた出来事です。当時の私は、いくつも失敗が重なって精神的にかなり落ち込んでいました。頑張りすぎて慢性疲労になり、「こんな自分はどうにもならない（なんの取り柄もない）」という心情でした。

集団でのお祈りをしている間、不思議と涙が止まらなくなり、一時的でしたが時間と空間がわからなくなる不思議な感覚を味わいました。目の前に僧侶が来られた時に、下腹部からわき立つようなものすごいエネルギーが体を突き抜ける不思議な感覚を味わいました。その一瞬の感覚は生涯忘れることなく、今も持ち続けています。

それまでは、つらいことがあると落ち込み、調子が良い時には有頂天になるという感情の波がありましたが、その時以来、常に腹からエネルギーがわき出てきて、やりたいことが次々と出てくるようになり、落ち込むことがなくなりました。

後にある講演で「心がわく」「へそで生きる」の話を聞き、これは「へそがわく」という経験だったのだと納得しました。「本当の自分」につながるためには、それまでの自分の殻が壊れて、心の蓋（チャクラ）を開ける必要があったのだと思います。

「本当の自分」とつながると、何かに突き（憑き）動かされ、自分が行きたい（生きたい）方向とは違う人生を求められますが、それこそが自分が生まれ持った人生の使命なのではないかと気づきました。

敏感すぎる自分に合った仕事や生き方を見つけたい……

「刷り込まれた自分」に気づき、「本当の自分」につながること。

敏感で繊細な人たちの職業上の悩みとして、①ある感覚が他人には普通であっても自分には耐え難いこと、②自分の独創的なアイディアが他人には理解できないこと、③自分の仕事やアイディアに夢中になりすぎてしまうこと、④他人の問題に気づき振り回されやすいこと、⑤まわりの人には見えないものが見えること、⑥ある種のカリスマ性を持ってしまうこと、などが挙げられます。

それまでの「刷り込まれた自分」に気づき、「本当の自分」につながった人は、魂の導きに従って、生まれ持った才能が生かせる創造的な仕事に就くことができます。すると、それまでは得られなかった「五感への負担が少ない落ち着ける場所」「威圧的な人と一定の距離が保てる環境」「自分の得意な経験や知識を生かせる仕事」「自分のペースやり方でやらせてくれる上司」などに恵まれるでしょう。

仕事上で気をつけることは、①過敏性を助長する仕事や人間関係などの精神的ストレス、②睡眠不足・過労・不規則な生活などの身体的ストレス、③食物・化学物質・金属・抗原物質・感染症などの物理的ストレスなどです。

これからの混迷した時代では、他人を価値判断し比べ合う生き方から、他人を認め許し共存する生き方が求められます。

混迷した社会を生きるには、さらに「〝いま、ここ〟をどう生きるか」「自分をさらけ出してどう生きるか」が問われてきます。

みんなと違うことをしている人がいると、つい注意したくなる……

自分に喜びがあると、人の幸せを望むようになる。

欧米の民主主義では、上司の提案に対して部下が異議を唱えることが許されますが、日本の場合は、部下は異議があっても逆らえず、全体を忖度して我慢してしまうことが多いのではないでしょうか。

個々が全体のことを考えて全体のバランスを保ち、役割を超えたはたらきをするのは日本の良い点ですが、創造性や独創性は全体のバランスを壊すので芽をつまれる可能性があります。

村八分にされないために権威に気を遣い、忖度して自己主張を抑えるという「同調圧力が強い」日本の文化では、仲間と違う存在はイジメられ排除されやすいのです。そのような文化で育った人は、無意識に同調圧力を学び、いつしか自分が権威になっていきます。

権威や仲間のためにやって相手が喜んだとしても、自分が喜びを感じられないのなら、幸せといえるでしょうか。「自分を幸せにする」と人が幸せになることを自然に望むようになります。「自分を喜ばせる」と自分の幸せが満たされ、人に対してあふれ出すのです。

健康第一主義で他人のことは無視してしまう「健康病」（健康オタク）についても同じことがいえます。自分が心に喜びを感じていて他人にもすすめるのであれば自然なことですが、他人に広めることが目的となり、自分の喜びよりも利益のために仲間を増やそうとなると、他人に「同調圧力」をかけてしまうわけです。

世の中の問題は、心に喜びのない人が人を助けようとすることから起きてきます。

「ホ・オポノポノ」という考え方

「ホ・オポノポノ」とは、約400年前からハワイ先住民の呪術師たちが行っている伝統の秘法で、「SITHホ・オポノポノ」はそれを現代風にアレンジしたものです。

そこでは、「**自分が体験しているすべてのことは100%自分の責任**であり、症状や問題は自分の記憶が再生されたことが原因なので、この記憶を消せば解決できる」と考えます。

症状や問題が見つかったら、すぐに**「ありがとう」「ごめんなさい」「許してください」「愛しています」**と、心の中でくり返し唱えることでクリーニング（浄化）が行われます。

「いま、ここ」での体験のクリーニングを継続的に行うことで、問題を解決することができます。

この魔法の言葉を使ったクリーニングを習慣化することで、**自分が思うように生きられない根本原因までも取り除くことになる**ため、潜在意識の闇を浄化し、無意識にある本当の自分につながる効果も期待できます。

第8章

HSPがラクになるために

真っ黒に見える闇は、すべての光を内在している

見える世界と見えない世界とでは、意味が逆転する

見えるもの（闇）と見えないもの（光）が統合され、生成と消滅をくり返す循環構造が、すべての生命・物体・現象に見られる基本構造であり命の実体です。闇と光は対立しているように見えますが、色と光の違いを考えると「闇は飽和する光である」ことが理解できます。光には色はなく波動であり見えませんが、色は脳でつくられた認識に過ぎず見ることができます。

光の3原色を合わせると白光になり、色の3原色を合わせると黒色になるのは、黒色はあらゆる波長の光を吸収し、白色はすべての光を反射してしまうからです。光が「見えないもの」を、色が「見えるもの」を表しているとすると、真っ黒に見える世界（闇）は、すべての光を内在する世界なのです。

このように、見える世界と見えない世界とでは、意味が逆転して表裏に存在していると捉えると、現実の考え方や価値観にパラダイムシフトが起きます。

例えば、自然治癒力によって脳や体が環境に適応するようにできているならば、トラウマ反応は「病気」としてではなく「適応」と見ることができ、「それは自然な反応であった」と考えることができます。症状は体の治癒力が生み出した自然な解決策なのです。

また、「悪」と呼ばれる存在でさえも「善」を学ばせてくれる存在であると捉えることができ、すべてに意味があり、「すべてよし」とする知恵となります。人生に起きるすべてのことを認めると生き方が変わります。

自分の色眼鏡で相手を見ていることに気づくことが大事

新しい環境での新たな経験が「つくられた自分」を変える

人は光を眼から取り込み、取り込んだ光を網膜から神経の電気信号に変換して脳に送りイメージに再生して認識しています。この世の実態である「見えない世界」の波動（光）を、一人ひとり違う性能を持った脳が、それぞれに解釈して異なるイメージ（闇）をつくり出しているのです。

脳はあらかじめ自分の中にある情報により予測を立てて現実を見るので、自分の脳がネガティブな思い込み（観念）を持っているのなら、あなたはネガティブな現実を見ることになります。

また、人の脳は環境に順応し依存する性質を持つので、その環境が自分に合わずイヤだと思っても、生き残るためにそれを受け入れて自分のものにします。こうして自分の性格・人格・能力・特性・観念などが、遺伝的要因をもとに環境や習慣によってつくられていきます。

「つくられた自分」を変えるには、自分が環境や習慣によってつくられたものであることを知ることと、環境から離れる必要があります。

育ったままの同じ環境にいたのでは「つくられた自分」を変えることは難しいため、新しい環境に入り、新しい経験を通して、あなたが思い込んでいたこと・思い込まされていたことは、幻想にすぎなかったと気づくことです。

否定されることのない安心安全な環境を直感で選択し、迷わず飛び込み、素直に体験していくことです。

繊細で敏感な人の中にいる「ギフテッド」

高い知能や豊かな才能の一方で、抑制機能が障害されている

「ギフテッド」とは、単に知能が量的に高いということではなく、質的に異なる知能を持っているということです。彼ら彼女らは非常に高いレベルの知能と非常に鋭い感受性を併せ持っていて、感情が常に爆発寸前で、思考には際限がありません。

ＩＱ１３０を超える知能を持つ人は知能検査の２％程度ですが、人並み外れた超人的な才能を持った超天才はごくごくわずかです。令和４年に文部科学省の有識者会議では、「ＩＱなどを元にして才能を定義はしない」と提言されました。

ＩＱのかなり高い子どもがなんらかの特定の教科で目を見張るほどの才能を発揮しているということはほとんどなく、知的な素質がありつつも学校の成績は散々

だという子どももいます。

ギフテッドが超天才だと誤解をしてしまうと、学校の先生たちは自分たちの教え子の中にギフテッドがいるにもかかわらず気づけない可能性もあります。

普通の脳は、情報を選別し有効で適切と判断したものに注意を向けさせる「自動選別機能」を持っていますが、ギフテッドでは潜在的抑制機能が障害されているため、すぐに情報や感情に飲み込まれ、自分の限界を考えて機能することができないのです。

そのため、ギフテッドの性質を知らない先生や専門家は、その行動特性から自閉スペクトラム症や注意欠如多動症などの発達障害と診断します。知的に高く勉強も仕事も作業もできるのですが、表面からはわからないものごとの本質を探ったり、あまりにも奇抜な発想や行動をするために、ほとんどのギフテッドが周囲には理解されない「生きづらさ」を感じています。

笑いや生きがいは免疫細胞の活性を高める

自由を確保し、楽しくて笑える生活をする

敏感で繊細な人は、慢性的で過剰なストレスにより、体や脳に慢性炎症を引き起こし、原因のわからないさまざまな症状を呈します。

体や脳の慢性炎症は交感神経や視床下部を刺激して、アドレナリン・ノルアドレナリン・コルチゾールなどの「ストレスホルモン」を放出させることで免疫系のはたらきを抑制します。

免疫細胞にもさまざまな役割を持った細胞がありますが、ストレスでもっとも影響を受けやすい免疫細胞は、「体で常に発生している癌細胞」を見つけて攻撃するＮＫ（ナチュラルキラー）細胞です。

精神的なストレスを与えると、ＮＫ細胞の活性は数分で下がります。ストレス

の度合いに応じて低下しますが、笑うことによって上昇し、落ち込むと低下します。生きがいのあるワクワクした生活は、ＮＫ細胞の活性を高め、暗い心でいたりすると活性を失うようになります。

「好き」や「楽しい」場合には、βエンドルフィンやドーパミンなどの「善玉ホルモン」がＮＫ細胞を活性化させ、「嫌い」や「悲しい」場合には、アドレナリンやノルアドレナリンなどの「悪玉ホルモン」が活性を低下させます。

不安や恐怖がいっぱいで真面目で責任感が強い人は、自由を束縛されず、１人でマイペースに過ごせる時間や空間を確保しておくと、ストレスが少なく済みＮＫ細胞活性も高く保てます。

そのためには、①ストレスを探し軽減させること、②気持ちよく続けられる適度な運動をすること、③食事の時はゆっくり食べること、④体を温めて血行を良くすること、⑤深呼吸をすること、⑥ポジティブに捉えて希望を持つこと、などが有効です。

新たな発想や創造力は「言霊」から生まれる

脳や体や心の不具合や不浄を改善する努力を

「言霊（ことだま）」というと、言葉が持っている霊的な力（エネルギー）だと考えられていますが、言葉（情報）と霊的な力を結ぶものが言霊だともいえます。

無限のエネルギーが内在する「無」の空間のことを、神道では「中今《なかいま》」、仏教では「空《くう》」と表現していますが、その根っこにあるパワーこそ、虚と実、陰と陽、正と負、天と地を巡回統合させる自然治癒力（ホメオスタシス）です。

無の空間から言葉を生み出すのが「言霊」であり、それは「無音の言葉」「言葉になる前の言葉」なのです。それは、自分（エゴ）がゼロになってはじめて出てくる魂からの言葉なのです。「何も考えない（意図しない）」ことによって、はじめて「中今・空」の世界から言霊が生まれてくるわけです。

新たな発想や創造力は、「本当の自分」から生まれる「言霊」が元になっています。「こうあれ」という「意志」が、意識されない脳内の先天活動として先に生まれ、脳や体を動かし、言葉や行動となって表現されるのです。

「つくられた自分」（エゴ）を捨てて「中今・空」にならないと「本当の自分」からの言霊は出てこないわけですが、脳や体や心に不具合や不浄があると、「中今・空」になることがなかなか難しいのです。ですから、毎日の生活で、不具合を改善し、不浄を浄化していく努力が欠かせません。

「ありがとう」「愛しています」などの魔法の言葉を〝心の中〟で一瞬でも念じることができれば、イヤなことへの不平や不満をすぐに消すことができます。「ホ・オポノポノ」（２２６ページ参照）による意識クリーニングも同じ原理です。

自分に言うと効果のある「魔法の言葉」

魔法の言葉で怒りや痛みが消える

「魔法の言葉」を私が使い始めたのは約30年前、工学博士の五日市剛さんの実話からでした。旅先で救ってくれたお婆さんに「イヤなことがあったらすぐに魔法の言葉を言ってごらんなさい」「イヤなことがあった時には、まず自分に『ありがとう』を言いなさい」と教えられた五日市さんはさっそく言われたとおりに実践し続けたところ、すぐに不思議な幸運が次々と起きるようになりました。

最近、私が体験した魔法の言葉は、中国医学の伝統療法である「カッサ療法」を受けた時のことです。漢方オイルを塗った背中や頭の皮膚を木の櫛でガリガリと擦過《さっか》するので、思わず身をすくめるほど痛かったのですが、医師に言われるままに「痛みを使う」と自分に言い聞かせていたら、すぐに痛みがなくなったのです。不思議に思い先生に尋ねると、「痛みはイヤなもの・悪いもの・怖いものと思い込んでいるので、それを役に立つもの・良いものとして使うことができるようになる」と説明されました。

その後、何度やっても痛まないし、気持ちよくさえ感じるようになりました。

痛みが消えた話といえば、医学的には説明のつかない、刺されるような胸の痛みを抱えていた女の子が、セラピストによる退行催眠治療において、「この痛みは過去世で胸を刺されて死んだ時の痛みなんだ」と気がついた時から、すっかり痛まなくなったという実話があります。

自分（エゴ）とは、前世や今世で、脳に仕組まれた自動思考であり、潜在意識に残っている洗脳記憶、植え込まれた思考であり、「本当の自分」のものではありません。それに気づいて、「なるほど」「そうなんだ」と魔法の言葉を使って受け入れると、小さくなったり、おとなしくなったり、消えたりします。

体に感じる違和感を「オノマトペ」で表現してみる

身体感覚や内臓感覚を表す「オノマトペ」

「感覚」は脳が体の情報を直接に受け取っているものであり、「感情」は「感覚」を脳が解釈したものという違いがあります。「感情」がわかないからといって「感覚」がないわけではなく、脳が知覚を無視しているだけなのです。

私たちには、感情や感覚の変化をうまく知覚できなくなった脳や体が邪魔をして自然治癒力がうまくはたらかなくなる場合があります。そういう時に感じるのが体の違和感です。それは、本来あるべき体の感覚が、どこかで何かがズレているという感覚です。本来あるべき状態を体は知っているけれど、頭が認識できないから違和感が生まれるのです。

体のどこにどんな違和感を感じるのかを「オノマトペ」で表現してみましょう。

●悩んでいる時は「モヤモヤ」
●緊張している時は「ドキドキ」
●怒っている時は「ムカムカ」

オノマトペとは、擬音語と擬態語のことで、日本語に深く根を下ろしている言葉の根源のようなもので、身体感覚や内臓感覚を表しています。体の違和感を感じ、「オノマトペ」で表現してみることは、脳と感情・感覚をすり合わせる作業であり、痛みと同様に体の異常な状態を知り癒すために重要なことなのです。

感覚を取り戻すために、自分が感じている違和感を「オノマトペ」の言葉を使って、感情を伴わせて表現してみましょう。すると、心と体の感覚がつながって、「本当の自分」を取り戻すことができます。浮かんできた「オノマトペ」を、紙に殴り書きして捨ててしまうのでもいいです。心に抑圧しておくと身体化してしまうので、いらないものは捨ててしまいましょう。

罪悪感が癒された「赦し」の体験

「良し悪し」で判断しない赦《ゆる》しが「愛」の世界

あなたが抱え込んでいる罪悪感は、いくら時が経っても消えることはありません。私自身も長年、罪悪感を心にしまい込んでいて、その出来事を誰にも話すことができずにいました。

ある時、心理の専門家にその罪の意識を話したところ、「あなたのやったことは、誰しもあること」と心理治療の中で言ってもらえたことで罪悪感から解放されたのです。その行いを良いとも悪いとも言われなかったことで、「こんなに重い罪でも赦されるんだ」と涙が止めどなくあふれてきました。誰にも言えずにいつも胸につっかえていた罪悪感が消えて、心が癒された瞬間でした。

このように、「人に赦してもらう」、あるいは「自分を赦す」ことで罪悪感が消えること、また、罪悪感は潜在意識に深く刺さっていたことを経験できました。

心に傷を負った人は、時に自分でも理解できない行動をとってしまったり、不本意にもトラウマを再現した行動をとってしまったりすることがあります。

とてもつらい体験を人に「わかってもらえた」と感じると心がスーッと癒されます。人や自分を無条件に赦す「愛」には本物の癒しの力があるのです。

良し悪しで判断しないのが「愛」であり、そこではすべてが受け入れられます。

多くの人が「良い・悪い」の世界にしばられていますが、それでは、他人も自分も愛することはできません。「悪い」ものを恐れてしまうからです。

自分の意識を心の奥深くに持っていって、「世の中には良いも悪いもないのだ」と気づくことが大切です。すると、自然と恐れがなくなって、「愛」のある世界で安心して、「自分らしく」生きていくことができるようになります。

ネガティブな言葉は、自分と相手の魂を傷つける

魂が疲れると、ネガティブなエネルギーに侵入（憑依）される

魂は、生きる気持ちを肯定する「ポジティブな言葉」を居心地よく感じ、生きる気持ちを奪うような「ネガティブな言葉」を避けようとします。「ムカつく」「イライラする」「死ね」などの悪口（あっく）には、生きようと思う「ポジティブな感情」を奪う「ネガティブな感情」が乗っているので魂に刺さります。

日本語は主語を省略し、「魂は主語を理解しない」ので、自分が相手に発した悪口であっても、ネガティブな言葉は、相手はもちろん自分も傷つけてしまいます。また、日本語には比喩表現が多く、「魂は否定文が理解できない」ので、文章が否定文かどうかよりも、使った言葉そのものが持つ波動に魂は反応してしまいます。

自分が悪口に気をつけていても、悪口を言ってくる人はどこにでも存在するので、悪口を気にして「ネガティブな言葉」に意識を合わせてしまうと、どんどん魂に侵入されます。こういう時は「ありがとう」「愛しています」と魔法の言葉をすぐに唱え、魂に侵入されないようにしてください。

「私なんか」「大嫌い」「死ねばいい」など他人に対しては言わないような悪口も、自分に対しては容易に言ってしまいがちですが、自分で自分に言うので、「言う・言われる」の2倍のネガティブ感情があなたの魂に侵入してしまいます。

魂が傷つき疲れた状態では、自分と同じ低いエネルギーを引き寄せ、侵入（憑依）されてしまいます。

魂が健康な状態では低いエネルギーに違和感を持ちますが、魂が弱い状態では、低いエネルギーがむしろ心地よく感じ、魂が憑依され続けた状態に慣れてしまうと違和感がなくなり、その状態が自分だと思い込むようになります。

地球人以外の魂を持っている大人や子どもがいる

自分を認めてくれる人たちに囲まれ、「心の居場所」をつくる

敏感で繊細な人の中には、宇宙人や地底人などの魂を持っている大人や子どもがいます。超感覚や感覚過敏、独特の風貌や性別違和、発達特性（2E）やギフテッドなどの特性を持ち、地球での人生経験が少ないために、人とのコミュニケーションが苦手だったりします。

脳機能が大多数の人とは異なるために、集団や社会に適応できない場合には発達障害と診断されて社会保障を得ることもありますが、本当は宇宙人的な脳や魂の特徴や個性と捉えることができます。

霊感気質や解離症の人は、「なんで普通のことができないんだ」「なんて自分はダメなんだ」と思って、体が自分の居場所でなくなり、つらいことがあると魂が

体から抜け出して、代わりに憑依を受けてしまうこともあります。慢性で過剰なストレスにさらされるため、化学物質過敏症、電磁波過敏症、慢性疲労症候群、線維筋痛症、自律神経失調症などを発症しやすいのです。

「愛されたい」「認めてもらいたい」「わかってほしい」などの本音を抑圧し、心に蓋をして見ないようにしてきたため、思考・感情・感覚が結びつかなくなり、神経が機能障害を起こし、抑うつ・不安・解離症を発症します。怒られたり否定されたり馬鹿にされたりすると、自己肯定感が育たず、心が萎縮し魂が体から抜け出してしまうのです。

自分を怒らない人、否定しない人、受け入れてくれる人、肯定してくれる人たちに囲まれ、素の自分を出せて、自分で自分を責めなくなったら、さまざまな症状も徐々に改善していきます。今生で授かった自分の特性を生かして、できること、人に喜んでもらえること、何か役に立てることなどができるようになったら「心の居場所」が決まり、魂が体にしっかり戻れるのです。

魂は何度も肉体を変えながら、輪廻転生をくり返す

自分を心から愛せた時に、魂に愛と光と力が宿る

魂（無意識）は、何度も肉体を変えながら輪廻転生をくり返しています。魂が体に宿ると同時に、脳はすっかり記憶を消されてしまうけれど、魂には過去世や今世の記憶が刻まれています。多くの人はこの真実を忘れて、「本来の自分」を思い出すことができないで生きています。

魂に刻まれている過去の記憶を変えることはできませんが、その痛みを浄化し癒すことはできます。将来や未来は、「いま、ここ」での魂の浄化により変えることができるのです。

魂にはあなたと世界にまつわるすべての情報が刻み込まれていますが、その膨大な情報にアクセスできれば、願いを叶えること、奇跡を起こすこと、真理を発

見することなどが可能になります。

魂の力をもってすれば思いどおりの人生を歩めますが、「幸せになれない」と思い込んでいる人は、そのとおりに「幸せになれない」現実が実現されてしまいます。

人生には「どうして私ばかりが」と嘆きたくなるような不運・不幸が訪れることがありますが、その困難・苦難に負けず、「人生は魂の浄化により変えることができる」ことを信じて実践を重ねていくことです。

信じ続けるためには愛と光と力が必要です。何度くじけても、何歳からやり直しても遅いことはありません。「未熟で弱きもの」として生まれてきた自分を心から愛することができた時、魂は愛と光と力を学ぶことができるのです。

生きることは変わり続けること、魂は生まれ変わりながら成長している

「つくられた自分」を手放して「本当の自分」につながろう

「生きる」とは、変化していくことです。あらゆる生命の進化のプロセスが証明しているように、生物は常に変化し続けなければ絶滅してしまいます。変わることとは新しいものを生み出すことでもあり、人はいくらでも進化・発展することができるのです。

人の細胞は絶えず分解と生成をくり返しており、体は絶えず体を壊し、つくり直しながら生きています。体は常に物質が入れ替わり、1年でほとんどの物質が入れ替わってしまうのです。命は機械のようには一定しておらず流れており、その流れを止めないために絶えず食物を食べるのです。生きているということは、常に流れの中にあって動的平衡を保っています。

人は死んでもまた別の生を与えられます。あなたの魂はすでに幾度も生まれ変わっているのです。過去世のあらゆる経験は人類に共有されており、あなたの人生は自分だけが体験しているものではありません。過去世では今生とは真逆の人生を体験したかもしれません。両極の人生をくり返し経験することの中で魂は成長し、変わり続けるのです。

生まれ変わることには意味があり、人はさまざまな人生を体験し、「赦し・受け入れ・学ぶ」ために生まれてきました。脳科学的にも魂的にも、自分が原因となり現実という結果を生み出しているのですから、自分の顕在意識にある意思や信念ではなく、潜在意識や無意識にある意志や意図を変えればいいのです。

ただ、人の心には心の傷（トラウマ）があり、変化を恐れたり現状を維持しようとします。承認欲求があり、人に求めている限り自分は変われません。そのことに気づき、「つくられた自分」を手放して「本当の自分」につながった時に、何かに後押しされているかのように自ずと人生が変化していきます。

おわりに

エレイン・N・アーロン博士は、1996年に書かれた原著の第10章（魂とスピリット）で、HSPには「魂を意識するようなスピリチュアルなところがある」ことを指摘し議論しています。一方で、「今日ではHSPですら目に見えないものを経験したり信じたりということに対して懐疑的である。私たちは五感を信じなくなってしまった」とも述べています。

日本においても同じことがあてはまり、原著が翻訳されて24年になりますが、HSPの「魂を意識するようなスピリチュアルなところ」は封印され無視されてきました。

また、アーロン博士は、2002年に書かれた『ひといちばい敏感な子』の中で、HSPは「子ども時代の影響を大きく受けている」と指摘しています。「HSPの不幸を感じやすく心配しやすい傾向は若い時のストレスの影響であること、不幸な子ども時代を送ったHSPは落ち込み・不安・内向的になりやすい傾向があること、大人になってからよりも子ども時代に問題を防ぐほうがはるかに簡単である」と書いています。

この本では、長年書きたくても書けなかった「魂」や「心（トラウマ）」の問題を「脳」や「体」の問題とともに多く取り上げました。

過敏性には感覚・共感・霊感の3つの要素があり、「目には見えない」化学物質や生体エネルギーが、体のセンサーを通じて脳に情報を伝え、神経・内分泌・免疫細胞の反応を引き起こしていることがわかってきました。

トラウマ（心の傷）をもたらすような急性／慢性の過剰なストレスによる生体のエネルギー不足は、体や脳に慢性炎症を生じ、生体本来が持つ出入力／誤差調整／生成消滅などのホメオスタシス（自然治癒力）が損なわれ、入力過敏／出力不全を起こすと考えています。

昨年末に化学物質過敏症（ＭＣＳ）において新たな総説論文が発表され、「慢性／急性のストレス反応を引き起こす未解決の感情的トラウマが、ＭＣＳの発症に重要な役割を果たしており、効果的な治療の基礎となり得る」と結論し、化学物質過敏症とその併存疾患（慢性疲労症候群など）は、トラウマに焦点をあてた心理療法や、その他の療法を用いて根底にある感情的トラウマを標的とすれば、効果的に治療できる可能性があることを示唆しています。

脳は環境との相互作用により、常にシナプスの数や構造や記憶のネットワーク回路をつくり変えていますが、過剰なストレスによって焼きつくように強く形成されたシナプスやネットワーク回路は、可変性／可塑性を失い固定されたトラウマ記憶となります。トラウマ記憶の治療は、固定し機能麻痺した神経ネットワークを動かし、新たな経験による記憶の書き換えをして過敏性／不耐性を改善すると考えられるのです。

今後、感覚過敏性が環境ストレスに伴う感情的トラウマ記憶に関係した病態であるという仮説を、臨床的に検証していこうと考えています。

ＨＳＰの知識と理解がより深まるよう願っています。

２０２５年　長沼睦雄

【繊細で敏感な人におすすめの書籍】

■『ささいなことにもすぐに「動揺」してしまうあなたへ。』エレイン・N・アーロン／著、冨田香里／訳（SBクリエイティブ）

■『ひといちばい敏感な子』エレイン・N・アーロン／著、明橋大二／訳（青春出版社）

■「視床下部性ストレス不耐・疲労症候群としての環境ストレス過敏症（環境ストレス不耐症）」黒岩義之、平井利明 他（「自律神経」59巻1号／2022年）

■「化学物質過敏症：臨床的観点」ルイ・ジャック（「脳科学」14(12)、1261／2024年）／「Multiple Chemical Sensitivity: A Clinical Perspective Louis Jacques Brain Sci.」2024, 14(12), 1261; https://doi.org/10.3390/brainsci14121261

【HSPに関するカウンセリングを行うクリニック】

◆十勝むつみのクリニック（代表・長沼睦雄）

HSPや精神障害、神経発達症、発達トラウマなど、精神科・小児精神科に関連する幅広い診療を行う。薬に頼らない治療を心がけ、統合医療に積極的に取り組んでいる。

＊北海道帯広市で開業している「十勝むつみのクリニック」では、HSPについての相談が難しい方々のためにWEB診療（保険診療と自由診療）を行っています。遠方にて来院の難しい方はご連絡ください（詳しくはホームページ参照https://mutsumino.jp）。

著者略歴
長沼睦雄（ながぬま・むつお）
十勝むつみのクリニック院長。北海道大学医学部卒業後、脳外科研修を経て神経内科を専攻し、日本神経学会認定医の資格を取得。北大大学院にて神経生化学の基礎研究を修了後、障害児医療分野に転向し、道立札幌療育センターにて14年間児童精神科医として勤務した。平成20年より道立緑ヶ丘病院精神科に転勤し児童と成人の診療を行ったのち、平成28年に十勝むつみのクリニックを帯広にて開院した。敏感気質、神経発達症、発達性トラウマ、アダルトチルドレン、慢性疲労症候群などの他院では見過ごされ治療困難な慢性機能性疾患の診療に専念している。クリニックに併設した過敏性研究所では、過敏性の病態について臨床的に究明しつつ、「見えるもの」と「見えないもの」をつなぎ、脳と心と体と魂と食を結び付ける生体エネルギーを視野に入れた自由診療を行っている。

繊細で敏感でも、
自分らしくラクに生きていける本

2025年3月10日　第1刷発行

著　者　長沼睦雄
発行者　永岡純一
発　行　株式会社永岡書店
〒176-8518 東京都練馬区豊玉上1-7-14
電話　03(3992)5155(代表)
03(3992)7191(編集)
DTP　センターメディア
印　刷　精文堂印刷
製　本　コモンズデザイン・ネットワーク

ISBN978-4-522-45435-0 C0177